审视与探寻：

教育前沿问题管窥

董守生◎著

中国社会科学出版社

图书在版编目（CIP）数据

审视与探寻：教育前沿问题管窥／董守生著 . —北京：中国社会
科学出版社，2017.8
ISBN 978 - 7 - 5161 - 6848 - 6

Ⅰ.①审…　Ⅱ.①董…　Ⅲ.①教育研究—中国　Ⅳ.①G52

中国版本图书馆 CIP 数据核字（2015）第 208605 号

出　版　人　赵剑英
责　任　编　辑　凌金良
责　任　校　对　季　　静
责　任　印　制　张雪娇

出　　　版　中国社会科学出版社
社　　　址　北京鼓楼西大街甲 158 号
邮　　　编　100720
网　　　址　http：//www.csspw.cn
发　行　部　010 - 84083685
门　市　部　010 - 84029450
经　　　销　新华书店及其他书店

印　　　刷　北京君升印刷有限公司
装　　　订　廊坊市广阳区广增装订厂
版　　　次　2017 年 8 月第 1 版
印　　　次　2017 年 8 月第 1 次印刷

开　　　本　880 × 1230　1/32
印　　　张　8.375
插　　　页　2
字　　　数　209 千字
定　　　价　48.00 元

目　录

第三部分　教学理念与校本教研

第四部分　学生成长动力与自主性教育

前　言

　　李泽厚先生曾经说过，"21世纪应当是教育学的世纪"，他是从人类科学史的发展规律出发，认为20世纪是科学、技术的世纪，而到了21世纪应该确立起以人为中心、以教育为中心学科的世纪。从教育学研究的对象及其意义而言，教育学也理应具有这样的地位。教育学把凡是有目的有意识地影响人的活动称为广义的教育，因此人类社会处处充满了教育，人类社会就是教育的社会。其他社会活动如经济活动、政治活动等都局限在社会的某一个领域或阶层，而只有教育渗透在人类社会的每一个角落，可以说，只要有人的地方就有教育的存在，人类社会的发展最本质的推动力也是教育培养人才的结果。因此，研究教育现象和问题的教育学应然地成为人类学科知识体系中的显学。

　　然而，与教育的普遍意义这一地位相对的是教育学在实际的人类学科体系中却相对尴尬。正如霍金斯所说的："'教育学'不是一门学科。今天，即使把教育学视为一门学科的想法，也会使人感到不安和难堪……在讨论学科问题的真正学术著作中，你不会找到'教育学'这一项目。"国内有学者指出："在科学发展的历史与现实中，在科学与学科的范畴与门类中，教育学不被视为一个名副其实的称谓，更没有一个名正言顺的位置。"正是教育学的这种编外学科的地位，使得教育学研究相对式微，从事教育学研究者也相对比较少，很多大学教育学专业的学生毕业都改了行，从事了其他行业。教育理论也不为人重视甚至遭到质疑和排斥，认为教育理论是拼凑或照搬别的学科的理论，并且脱离教育实践，是一种虚幻的"乌托邦"。然而，对于教育学这种所谓的次等学科或编外学科地位，真正的教育研究者是不能接受的，他们认识到教育研究的价值，孜孜以求地沉浸于教育研究中，为教育研究鼓与呼。新一轮基础教育课程改革以来，大批教育研究者积极投身于新的教育理论和观念的探索和挖掘，取得了一系列的教育研究成果，为中国教育学的发展添砖加瓦。

　　笔者从大学开始接触和学习教育科学，二十多年来一直从事教育学科的教学和研究工作，虽没有大的成就，却也兢兢业业、默默耕耘，先后取得了教育学的学士、硕士、博士学位，教育研究上也小有成绩。这本薄薄的著作就是对以前教育研究成果的梳理和总结，主要集结了多年来发表和未发表的教育研究论文，并按主题分为了四个部分。教育理论是教育知识的集中体现，既反映了研究者对教育现象和教育实践的理性思考，也体现了研究者的教育价值观，是对教育现象和实践主观见之于客观的认识活动。本书第一部分集中探讨了教育理论和教育改革的有关问题，提出了自己的一些认识和观点，提出了教育理论的理解性，教育正义的有限性与无限性的二维特点，还对杜威的教育目的论提出了自己的一些见解，学校变革的道德教育的目标；学习化社会的到来所引起的教育观念的变革和教育实践的革新等。第二部分，基于我国新一轮基础教育课程改革的大背景，探讨了校本课程开发中所隐喻的文化问题，新课改的理论基础问题，新课改理念以及实践中的问题进行的理性分析，新课改背景下教师专业发展的途径与策略问题等。第三部分，主要讨论了课程改革背景下，课堂教学的理念转变以及校本教研的理念、机制、意义与支持系统等问题。第四部分，主要探讨学生的成长与自主性教育问题。教育改革的最终结果体现在学生的成长和变化上，新课改的基本理念之一就是促进学生的自主发展和全面成长，学校的一切教育活动在于促进学生主动的成长，为他们的成长提供动力。本部分集中讨论了学生成长动力的意涵、结构、培养路径，从认识、情感、道德、行为四个维度，讨论了学生的自主性发展及其教育策略。

总之，随着我国教育改革的深入推进，新的教育问题不断显现，探讨教育问题，形成新的教育观念，提出教育改革策略是教育研究者责无旁贷的使命，笔者很荣幸参与到这一群体中，并且矢志其中，孜孜以求，努力进取，虽无大成，但也不敢懈怠。本书的结集成书，本人诚惶诚恐，唯恐难登大雅之堂，但得到了中国社会科学出版社凌金良编辑的大力支持和积极鼓励，才斗胆结集出版；同时也得到了潍坊学院博士基金项目"教师专业发展的文化生态逻辑"的资助，书中还参考了国内外大量的资料和研究成果，在此也表达真挚的谢意。

董守生

2017 年 9 月

第一部分
教育理论与教育变革

试论教育正义的二重性

一 "正义"与正义实践

"正义"一词，由来已久，歧义颇多。古罗马法学家乌尔比安将正义界定为表达使每个人获得其应得的东西的永恒不变的意志。亚里士多德把正义看做是一个人的品行。荀子指出："正义直指，举人之过，非毁疵也。"[①] 荀子的正义已不仅仅停留在个体道德标准，而是提升到社会道德标准的高度。现代中西学者提出了不同的正义概念，如罗尔斯的制度正义、分配正义，是从社会群体和社会结构来理解正义。诺齐克则从个体的绝对利益出发提出"持有正义理论"。哈贝马斯从利益相关者的对话协商角度提出了"程序正义"。我国学者万俊人从学科分类上对正义进行了划分：从伦理学上讲，"正义主要是指人的品德公道和人格正直"，从政治学上讲，"正义就是指社会对公民的基本自由平等权利的公正合法的分派和有效的社会保护"，从经济学上讲，"正义的界定有两个方面！机会均等与市场分配公正"。[②] 如此众说纷纭、莫衷一是的对正义的理解，都是基于不同的立场与视角，在不同层次上的理解，本质上反映了正义的理想与现实的矛盾。

---

① 方勇：《荀子》，李波注译，中华书局 2011 年版，第 35 页。
② 万俊人：《义利之间——现代经济伦理十一讲》，团结出版社 2003 年版，第 74—76 页。

从内涵属性上看，正义是一种道德伦理意义上的精神观念，是人们的一种理想价值追求，属于主观意识层面，然而这种主观意识不是凭空产生的，而是人们在社会精神和物质生产及处理人与人之间的关系中产生的，是对社会生产以及由此产生的社会关系的一种价值合理性的追求，因此正义源自于社会实践并受社会实践决定。在不同的社会发展阶段及社会形态，人们会产生对正义的不同理解，正因为正义作为一种观念形态的道德理想来自于社会实践并指向社会实践，只有附着于具体的社会实践中正义才显示其意义，而社会实践总是具体的历史的，处于特定时空中的社会实践。由于受到各种历史现实等条件的限制，具有境遇性和不完备性，总存在着限度。当理想的正义落基于具体的实践时就会体现出有限性，即正义实践的有限性。这种有限性是实践的不完备性与正义理想完美性的矛盾体现。正义精神作为一种完满的理想总是高于现实，因此也就未必能够完全实现。在实践中总存在着缺憾，但"虽不能至，心向往之"，至少导向应该努力的方向，走在通向目标的路上。这也正是人们永远追求正义的意蕴所在。

二 "有限正义"与教育正义

由于正义精神落基于实践时总是存在着限度，因此实践中的正义即体现为"有限正义"，它是观念正义在现实中的显现。由于受到各种现实条件的制约，实践中的正义总是不完备的，有缺憾的，用理想的正义去检视实践时，即表现为正义的有限性。以此审视教育正义，即表现为一种理想教育正义追求的无限性与教育事实上的"有限正义"的间距。绝对的教育正义是不可能完全实现的。在具体的教育境遇中，只要根据教育现实条件进行教育的制度安排和设计，在相对水平上实现诸如教育的平等、公平、公正等，就是合乎正义的，起码是朝向教育正义的。对于教育实践中正义的有限性，应客观、公正地审视，既不能横加指责为不正义，也不能成为不追求正义的理由。只有努力去改进教育环境和创造条件，不断提升教育实践的品质，缩小理想教育正义与事实的有限教育正义的间距，才是人们追求教育正义的理想图景。基于这种教育正义观来审视教育实践，就不能用正义和不正义的简单二元判断来面对现实教育问题，只要是在综合考量了诸种条件的基础上，最大限度地满足有利于教育正义的伸张和克服违反教育正义的因素，就是合理的教育正义追求，如教育正义与教育效率的关系问题，其实，"正义与效率并不是矛盾的，但是正义优先于效率"。[1] 教育正义统领并优先于教育效率。只有在遵循教育正义的原则下追求教育效率才是合理的，而违反了教育正义的教育效率追求就需要进行改革或掘弃。目前，我国传统教育中一向推崇的效率优先的"精英"教育模式已被很多人所诟病。追求效率本是无可厚非的，按照教育的"有限正义"理念，在教育资源还不丰富，还不能保证人人享有优质教育机会的条件下，通过考试机制进行选拔，从而鼓励那些相对优秀的学生接受良好的教育，是可行的也是合理的。问题在于，如果这种教育模式的实践机制和程序存在着不公正，破坏了教育平等，造成了教育歧视，其实也就是违反了教育正义。

三 教育正义的规定性

　　教育正义的二重性，即理想教育正义的无限性与实践中教育正义的有限性，也规定着教育正义的内涵。

---

　　[1]　金生鈜：《教育正义与教育改革的转向》，《当代教育科学》2004 年第 20 期。

1. 教育正义具有至上性

观念形态的教育正义具有至上性，即对教育正义的认识和追求是无限的、绝对的、无止境的。教育正义是教育的至高理想。"正义是富有感情色彩的'大词'，正义的问题涉及面很广，影响到人的终生，又是属于道德的问题。"[①] 就教育正义而言，无论是其内涵还是外延都涵摄极广，也是一个大词，与相关概念如教育平等、教育公平、教育公正、教育自由、教育权利相比，教育正义的道义性更高，内涵也比这些概念更为丰富。教育正义不仅涉及了人们在教育中的地位和相互关系以及资源分配问题，而且涉及了人的尊严、道德、价值、意义等精神层面的根本问题，是一个更加形而上的问题。因此，这些概念都是教育正义的下位概念，它们或是教育正义的说明和表达，或是教育正义实现的方式或途径，但相对于教育正义来讲都具有弱道德性或弱价值性，教育正义对它们具有统摄性和优先性。

2. 教育正义具有社会性

教育正义产生于教育实践中人与人之间为追求教育合理性的交互关系下，表现出以价值关系为基础的社会性特征，如果人们孤立自处，互不相干，没有利害关系，人的思想和行为就无所谓合理与不合理、正义与不正义。假如每个人都以满足个体的自由意志作为正义，那么正义就会陷入无序、混沌、缺乏标准和规范的自由散漫状态，社会就没有了正义可言。只有建立在社会伦理关系基础上，在人际交往与互动中，按照集体意志和社会契约行事，正义才能真正得以彰显。罗尔斯正是在此基础上，提出了按照社会契约来进行分配正义的原则。教育正义是社会教育共同体基于教育需求和教育权益，实现教育理想的道德伦理预期，它反

---

① 何怀宏：《公平的正义——解读罗尔斯的正义论》，山东人民出版社 2002 年版，第 40 页。

映的是社会整体教育意志。

3. 教育正义具有制约性

教育正义的实现不能脱离具体的社会现实水平，实践中的教育正义受特定社会的经济、政治、文化的制约，尤其受社会教育实践水平的制约。就我国来说，有学者指出，现阶段我国教育事业发展的基本矛盾就是人民群众对优质教育的强烈需求和优质教育资源供给不足。① 它反映了当前我国还不能实现教育的绝对平等和自由，还不能满足每个人的优质教育需求，在这种现有水平下，教育正义就会受到限制，脱离现实基础的教育正义就是空想，是无法实现的。如果从绝对的教育正义理念去批判现实教育的不足，是有失公允的，当然实践中违反教育正义的情况另当别论。人们往往只怀揣了教育正义的理想，却忽视了对具体教育事实的正确判断，即教育正义在实践中的有限性。如果不顾教育的现有条件，去追求绝对的教育公平正义，势必导致对教育的破坏，带来更大的不正义。

四　教育正义实践的二维：法律与制度

理想的教育正义在实践中的显现，需要借助于特定时代的社会机制或制度来安排。在现代社会体系中，法律和制度是教育正义实践的两个基本维度。

1. 教育正义的法律保障

法律作为保障人们各种权利的主要方式和手段，规范着人与

---

① 翟波：《树立科学的教育均衡发展观》，《教育研究》2008 年第 1 期。

人之间的关系。拉德布鲁赫有言："法意图实现正义"，① 意即法律以正义作为存在的基础，并通过法的精神谋求正义的实现和伸张。运用法律手段去确认和保障人们的正当教育权利和利益，是观念形态的教育正义向实践形态的教育正义转化的重要路径。在法律视域内，教育正义是围绕着权利展开的，教育正义要通过教育权利的互惠与共担来实现，具体体现为权利与金钱的关系以及权利与义务的关系。作为表达正义的载体，权利是指人们应该或能够获得某种利益的资格。作为社会的合法公民，人人都有应该或能够获得利益的资格，即个体权利具有普遍性。但人们在享有自身合法权利的同时不能侵犯别人的权利，亦即要履行必要的义务。权利的分配机制即体现为权利与义务的平衡，通过法律规定人们享有哪些权利，履行哪些义务，以此使正义在社会成员间进行合理的分配，在人类社会还达不到保证每个公民都能按照道义规则文明行事的时候，法律就成了维持社会秩序、规范社会伦理的重要手段。

2. 教育正义的制度维护

罗尔斯指出，正义的主要问题是社会的基本结构，或更准确地说，是社会主要制度分配基本权利和义务，决定由社会合作产生的利益之划分的方式。社会生活中的公平正义只有通过基本的制度安排才能实现。现代意义上的制度指社会成员共同遵守的办事规程和行动准则，体现为一系列的规则和程序。制度维护正义的主要精神体现为平等、公平，即对每一位成员都一视同仁并使其得所当得，罗尔斯以社会基本结构和制度为出发点，设计了正义的两个基本原则：一是每个人对与所有人所拥有的最广泛平等的基本自由体系相容的类似自由体系都应有一种平等的权利；二

---

① ［德］拉德布鲁赫：《智精言（Ⅱ）：法、法观念、正义观》，《比较法研究》1998 年第 2 期。

是社会和经济的不平等应这样安排，使它们在与正义的储存原则一致的情况下，适合于最少受惠者的最大利益。① 这就是所谓的自由平等原则和差异补偿原则。根据罗尔斯的原则，在安排和设计教育制度时，首先要保证基本的教育公平，使全体公民在分配教育权利和义务时有平等的资格和机会。同时对公平带来的教育问题进行补偿，如由于人的天赋、身份、社会经济地位的差异带来的教育权利和机会的事实上的不平等，通过制度的调整来增加教育中的弱势群体的机会与利益，使那些社会公平的最少受惠者获得最大的教育利益。

---

① ［美］约翰·罗尔斯：《正义论》，何怀宏等译，中国社会科学出版社 1988 年版，第 256 页。

教育理论的理解性
——基于哲学解释学视角

教育理论作为反映教育研究成果的知识体系，其科学性始终受到人们的质疑，人们或怀疑教育理论的客观性，是否具有真理性价值？或怀疑"教育理论指导教育实践"是否可能，如何可能？面对质疑，运用解释学的理解观来审视教育理论是什么，它如何生成，如何存在，具有何种特征，又如何与教育实践发生关系，或许会给我们带来新的启示。

一 哲学解释学的理解观

"理解"是日常生活和教育教学中使用的高频词，但是通常所指的理解一般停留在心理认知层面，把理解看做知道、领会、掌握等认识客观世界的致知方式，即理解的认知性。如英国教育哲学家赫斯特认为："理解能力典型地表现为在追求真理和客观判断的认识能力中，尽管他也认为理解是意义的理解，但他所说的意义本质上就是客观的命题表述，等于客观的知识。"① 哲学解释学对理解从单纯的认知性理解扩展到人的本体层面，认为理解是人的存在方式，人与自然、人与社会以及人与自己关系的维系都以理解为纽带。如伽达默尔认为，哲学解释学的基本问题就

---

① 邓友超：《教育解释学》，教育科学出版社2009年版，第5页。

是人与世界的基本状态和关系问题，而维系这一状态的基本方法就是理解，"理解的能力是人的一项基本限定，有了它，人才能与他人一起生活"。① 概览哲学解释学的理解观，呈现下述特征：

1. 理解的"效果历史"性

人生活在一定的传统、文化和语言习俗所构成的历史中，离开了特定的传统和文化以及由此所决定的思维方式，理解就不会发生；理解也是在历史中展开的，现在即是历史和传统在"现在"的延续，在某种程度上，现在就是历史，理解现在就是理解历史，因而理解就具有了历史性，理解甚至不能被认为是一种主体性行为，而要被认为是一种置身于传统过程中的行为，在这过程中过去和现在经常地得以中介的形式呈现。② 伽达默尔对此归纳为理解的"效果历史"。具体到理解者个体而言，人的"前理解"决定了当前的理解。海德格尔用"先有"、"先见"和"先识"来解释前理解，它们构成了理解的先决条件。"解释（理解）从来就不是对某个先行给定的东西所作的无前提的把握。如果像准确的经典释文那样特殊的具体的解释喜欢援引'有典可稽'的东西，那么最先'有典可稽'的东西无非只是解释者的不言自明的、无可争议的先入之见。任何解释一开始就必须有这种先入之见，它作为随同解释就已经被设定了的东西是先行给定了的，也就是说，是在先有、先见和先把握中先行给定了的。"③ 这里的"先有"即我们所处的历史传统与文化，在展开理解前，它们已经先在地占有了我们；"先见"即我们理解前所具有的观念、语言以及思维方式，它们会把我们带入先入的理

---

① ［德］伽达默尔：《解释学的挑战》，《哲学译丛》1987 第 2 期。

② 殷鼎：《理解的命运——解释学初论》，生活·读书·新知三联书店 1988 年版，第 9 页。

③ ［德］海德格尔：《存在与时间》，德文 1979 年版，第 150 页。

解，亦即人们常说的"先入之见"；"先识"是指以既定知识的形式存储在人的意识中的观念、前提或假定，是进行理解的必要条件。由先有、先见、先识决定的前理解构成了具体的人的历史性存在，它进而决定了人当前的理解。人的理解无法与所处的历史与文化隔离，无法与自身的前理解分野，理解始终是历史地理解，同时理解过程永不会终结，它始终向历史开放、向未来敞开，带着理解者的期待、迷惑、梦想和希望。

2. 理解的"视域融合"性

按照伽达默尔的理解，在传统与文化构成的历史中，由先有、先见和先识构成的前理解为理解者提供了特殊的"视域"。视域就是理解者认识事物的视野，它涵盖了从某个立足点出发所能看到的一切。每个人都是站在自己特定的视域来认识世界、理解世界。视域在为我们提供认识事物的视角的同时也限定了我们的理解阈限。但视域不是封闭的，它会随着理解者经验的丰富和认识能力的提高而扩大和延伸；视域也不是孤立的，它在与其他视域的交流中实现交融。这就是伽达默尔所提出的理解的"视域融合"。"理解其实总是这样一些被误认为是独自存在的视域的融合过程。"① 视域融合在三个维度上进行，一是纵向上的历史性融合，理解者处于历史、文化与传统的有意义的系统中，理解者要与自己的历史相融合；二是横向上的共时性融合，亦即理解者与当前的意义世界的融合；三是理解者的自我融合，随着知识经验的增长，理解者的视域不断扩充与突破，在视域融合的过程中，"历史和现在、客体和主体、自我和他者构成了一个无限的统一的整体"。②

---

① ［德］伽达默尔：《真理与方法》上卷，洪汉鼎译，上海译文出版社 1999 年版，第 7 页。

② 同上书，第 8 页。

在视域融合过程中，理解者通过与历史与文化、与客观世界、与他人的交流、沟通与对话实现意义的生成。在这一过程中理解者的视野处于动态的开放状态，它不断变化、运动、扩展着，经验不断增长，意义不断生成。此时理解者意识中的知识与真理处于相对平衡状态。随着新经验新意义的获得，知识会不断更新，真理也会进一步升华与扩充。因此理解者任何时候都不能说我获得了普遍真理，而是作为存在始终面向那些未能实现的前景进行筹划。

3. 理解的"自我理解"性

人无论是理解历史还是现实，理解文本还是实体最终要归结到理解人自身，也就是实现自我理解。理解是理解者与对象世界的意义建构的过程，在这一过程中理解者在实现对对象世界的理解的同时实现着自我理解。根据哲学解释学，理解作为人的存在方式，理解的获得是以自我为中心的，亦即是以实现自我理解为鹄的。"自我属于它自身的以往生活经历所包含的一切潜在意义都可能不停顿地无止境地涌现出来，构成'自我'为它自身的存在意义而作的关于客观世界的总解释，而在这个解释中，世界作为'总体'而呈现在自我的'反思'中。"① 人们理解历史不是要为历史树碑，而是受自我理解的要求所驱使，以理解历史为由去实现对人自身现在是什么以及将来可能成为什么的理解；对文本的理解也不是去把握文本的原意与意味，而是生成理解者自身的意义；对生活与现实的理解也不是要寻求某种客观的外在的知识与真理，而是寻求自身存在的价值与合理性。由是观之，理解是在理解历史与文化、理解他人与社会中理解自己，理解关系与其说是理解者与理解对象的关系，毋宁说是理解与自我理解的关系。承认理解的"自我理解"性，也即承认理解的个体性，

---

① 高宣扬：《解释学简论》，台湾远流出版公司 1988 年版，第 61 页。

任何理解主体都不能脱离他自身的独特经验去理解，理解者由于自身特殊的经验背景、观念基础和生活阅历形成自己独特的视野，决定了在理解不同事物时注入个人的东西，呈现有别于他人的认知特点，正如"有一千个读者就有一千个哈姆雷特"。

4. 理解的"无限生成"性

理解是一种动态开放的系统，它蕴含着种种可能性并总是指向未来。理解对象是一个变动不居的世界，预示着无限的意义，理解者是一个筹划生命可能性的能动实体。开放的理解过程及其关系具有意义生成性。理解者自身的生命筹划本性使他的视域始终向未知的可能性开放，以自己的视野，最大程度地容纳他所感知到对象世界的意义。理解的无限生成性意味着开放性，它要求理解者的视野向世界开放、向他人开放，以一种虔诚虚心的姿态去悦纳未知的领域。理解的无限生成性也意味着创造性，理解即是一种创造，外在知识永远也不能与个体的内在认知达到完全的相符，只能是个体通过自己的既有认知系统，根据自身的价值需求与视角去把握与理解认识对象，生成自己的意义。正如后现代思想家在理解文本时所指出的那样，"作者带来符号，读者赋予意义"。[①] 理解总是意味着在理解事物中通过注入理解者的个体意愿进行某种创作活动；理解还是一种超越，生成意味着超越，主体作为能动的理解者，他不是以复原和理解对象的原意为理解目的的，那只是一种浅层次的理解或者说理解的起始（现实中这种低层次的理解却经常被人们所称道，尤其在学校教育中），真正的理解是理解者通过对理解对象的把握实现对理解对象的占有与超越，生成或获得属于理解者自己的价值与意义。

---

① 　熊川武：《理解教育论》，教育科学出版社 2005 年版，第 30 页。

二　理解视域下的教育理论

教育是一种培养人的社会活动，作为研究教育现象与问题的教育学，从本质上来说就是研究人及其关系的学问，教育学即人学，是一种人文精神科学，而"自然需要说明，人则需要理解"。理解为研究教育学提供了一种方法论基础。教育理论作为教育的知识体系，其形成、发展及存在形态都是以理解为基础的，从哲学解释学的理解观来审视教育理论，理解不但是研究和获得教育理论的方法论，更是教育理论是其所是的本体论，即教育理论是教育理解的理论。

关于教育理论的概念，国内比较有代表性的论述有："教育理论是人们借助于一系列概念、原理、推理而表达出来的理性认识，是理性思考的产物，它以概括、抽象为其共同特征，而概括、抽象的层次与类型的差异则构成其内部的层次和类型"①；教育理论是"教育现象和教育规律理性认识的成果，教育科学知识的总和"②；"教育理论，是人们借助一系列教育概念、教育判断和推理所表达出来的关于教育的本质及其规律的知识体系"。③ 上述解释把教育理论归结为一种理性认识，是对教育本质与规律的反映。这种定义方法把教育实践作为客观存在为我们理解教育理论提供了有益的框架。但纵观国内这些年对教育理论的研究基本上还停留在认识论层面，缺少从方法论、本体论意义上对教育理论做更进一步的研究和考察，还有更深的领域需要开拓。

————————

① 叶澜：《思维在断裂处穿行——教育理论与教育实践关系的再寻找》，《中国教育学刊》2001 年第 4 期。

② 顾明远主编：《教育大辞典》增订合编本（上），上海将教育出版社 1997 年版，第 762 页。

③ 彭泽平：《对教育理论功能的审视和思考》，《教育研究》2002 年第 9 期。

　　基于哲学解释学的理解观来审视教育理论，在教育世界里没有纯粹客观的理性认识，因为教育理论研究者在形成所谓客观的教育理性认识之前，自身已经有了由先有、先见、先识所构成的"前理解"，这些前理解决定了观察教育现实的视角与前设，也就决定了教育研究者关于教育理论认识的宽度与深度。同时特定的历史与文化背景决定了教育研究者认识的时代性，他的立论总是以特定时空中教育的矛盾与问题为出发点，是对于教育局部问题的思考与探寻，具有强烈的"效果历史"性。由前理解与历史性所决定的教育理论认识，至多是教育理论主体的自我认识，是一种个体性"偏见"。"作为教育理论，我们提供的只是'自己的'，不管这种意见有多正确、多么权威、多么具有'合法性'，总是意见，一孔之见。"①所以教育理论是以教育研究主体自我理解为基础的个体性认识。以反映教育世界本质与规律为鹄的的教育理论，作为一种终极价值追求有其合理性，但想当然的作为一种既成的客观性存在则是虚妄的，是一种美丽的神话，即使教育理论多么具有理性的高度，但对于变动不居的复杂的教育实践来说也是不充分的。教育理论主体的责任不是为教育世界寻找普世真理，正如有学者指出的，"我们必须完全抛弃'理性活动就是达到完全预定和合理的境界'这种观念。相反，我们必须接受这种观点：即使预先对行动进行思考，理性也只能不完全地明确陈述行动的特征，这就是理性的本质。因此，就是对预先思考过的行为所进行的正式的论证，最多也只是局部"。②由此可见教育理论对于教育世界或教育实践而言不是规定性的，而是价值性的，是对教育实践的有感而发，是一种情感的表达、价值的预

---

　　①　[英] 赫斯特：《教育理论》，沈剑平译，赵祥麟校，瞿葆奎主编《教育学文集：教育与教育学》，人民教育出版社1993年版，第453页。

　　②　[法] 布迪厄：《实践感》，蒋梓骅译，译林出版社2003年版，第17页。

期，它对教育实践的内在本质而言是不完备的，不充分的。正如布迪厄所言：人们只能对实践的逻辑进行一种"抒情的解述"，只是这种解述也无异于用日常话语解释艺术作品，既不充分，又无结果。① 基于上述哲学解释学的教育理解观，本文尝试提出一种教育理论的解释：即教育理论研究主体借助于既有的观念体系，在理解基础上对教育世界所作的尝试性的个体化解释。

三　基于理解的教育理论特征

1. 时空性

根据上文分析，教育理论主体既然是处在特定的历史与文化背景中，生活在特定的教育当下世界，并带有自己的"前见"，他的视野就已经被某种约定俗成的模式限定了，他的认识就只能是一种带有历史与个体"偏见"的认识，亦即教育理论是被一定时空所限制了的知识；同时教育理论反映的对象即教育现象与问题，是局部的和不完备的，具有境遇性、复杂性、模糊性和不确定性，就像世上没有两片相同的树叶一样，世界上也没有全然相同的教育现象，教育实践自身的运行逻辑不具有普适性和真正的规律性。因此，所谓的教育理论只能是理论主体对教育实践的一种自明性、自洽性的解释，而不是对教育实践的致知性反映。这种解释的价值仅在于为人们更好地认识教育实践提供一种启示，这种启示有时甚至是反面的，它不能根本上反映教育实践的逻辑和规律（世界上恐怕也没有真正确定的实践逻辑和规律）。正如布迪厄所言，即使最严密的教育理论，"虽能更好地解释实践活动，但它也不是解释实践活动的原理，实践并不意味着或者说压

---

① ［法］布迪厄：《实践感》，蒋梓骅译，译林出版社 2003 年版，第 18 页。

根就排斥对实践逻辑的掌握"。①

2. 开放性

教育理论直接根植于教育研究主体对教育现象世界的理解，而理解是一个持续的过程，根据哲学解释学的理解观，只要人存在着他就理解着，在理解过程中不断实现着与历史、与现实、与他人的"视域融合"。建基于理解方法论基础上的教育理论不是封闭的、自足的，而是开放的、包容的和不断更新的，它需要不断与外在世界进行对话、交流、沟通、融合，以实现自身视域的不断扩展和提升。教育理论的这种开放性一方面是由自身的不完备性所决定的，任何一种教育理论即使那些比较成熟的教育理论也只是一种对教育世界的预设，需等待进一步检验和修正。表征教育理论的知识不是对教育世界的"镜式"反映，而是一种价值预期，这种知识在一定的条件和范围下也许是真理，但一旦超出这些条件和范围就变成谬误；同时，区别于物质世界的确定性和可检测性，教育活动作为人的社会性活动，是一种意义与价值的实现过程，充满了不确定性、可变性和创造性，任何一种教育理论对这种变动不居的教育世界而言都是局部的、部分的和个别的，并且随着教育的发展理论自身的自足性也会降低，这都需要教育理论保持一种开放姿态，不断实现对未知世界的纳取，保持自身的新鲜血液。由是，开放性是教育理论保持生命力的重要源泉。

3. 主体性

在大量教育理论的文献中，对教育理论的基本表达方式都是：教育理论是什么，教育理论如何，教育理论应该怎样，如"教育理论是本质规律的反映，教育理论是理性认识，教育理论是概念体系"等，而缺少了教育理论的主体身份，让教育理论

---

① ［法］布迪厄：《实践感》，蒋梓骅译，译林出版社 2003 年版，第 18 页。

在那里自说自话。我们不仅要进一步追问，这种教育理论是谁的理论？他通过什么方式生成这种理论？他的理论反映了何种教育实践的规律？当这种只见教育理论不见教育理论主体的无主语论述近乎成了集体无意识时，教育理论成了玄妙的学问，成了"皇帝的新衣"。由于缺少了对教育理论主体的观照，更不了解教育理论主体基于理解的生存方式，就缺失了教育理论主体生成教育理论的内在机制，以此空论"教育理论来源于教育实践"等美丽的废话，教育理论就成了无源之水、无本之木。从根本上讲，教育理论是个体性的理论，是属于主体自己的，是主体根据自己的前有、前见和前识在特定历史时空中对教育世界作出的个体性解释。个体性的情感、理想、哲学观、价值观及其生活习俗构成了教育理论不可或缺的动力源泉和思维材料，它们决定了教育理论的关注视角、表达方式和学术见解，才使得教育理论世界绚烂多姿。所以教育理论主体不是以发现教育的本质与规律为己任，而是个体教育理想的鼓吹者和传播者，他不是获得确定的教育知识而是个体教育理想和"教育智慧"的表达。教育理论"阐释和传承的是教育的精神，而不是教育的知识"。①

4. 思想性

哲学把世界分为人的世界和物的世界，物的世界是封闭的、自足的和确定性的，表达物的世界的内容就是知识，它是确定的、可检验的；人的世界（人的活动及其以此形成的人际关系）是不稳定的、不可测的，因而是可变的、可创造的，表达人的活动则是思想。人在思想的时候，自己也是思想的对象，这种思想是对对象的创建也是对思想者自己的重塑。从存在论观点看，人能把不存在变成存在，人的存在不断变化，人既是创造存在的存在者又是被创造的对象性存在。人的世界的活动是人的有意所

————————

① 石中英：《教育学的文化性格》，山西教育出版社 1999 年版，第 146 页。

为，跟人的意向有关。就教育理论而言，它所反映的是一种教育
思想，而不是关于教育的知识。这种思想是教育研究者对教育理
想的表达与澄明，是个体主观意图的显现，它是对教育研究者自
身的规定性，而不是对教育世界刻画出什么，当然也并不被教育
世界所规定与选择。"思想上不存在选择，我们无法'选择'思
想上的必然性，正如不能选择世界的事实性。"① 属于教育研究
者的教育理论只是"训练"自身，而不是"告诉"他人，它只
是个体对教育世界的质疑、批判、思考与阐释，而不是作出教育
结论。就此而言，教育理论作为教育研究者思想的表达，它存在
的意义在于给人们以教育的思考，人们借此诠释和品味教育的价
值意蕴，并以此去比照教育现实世界并带给人们教育上的启迪，
而不是对教育理论"照此办理"和"以计行事"。

---

① 赵汀阳：《论可能生活》，生活·新书·新知三联书店1994年版，第3页。

基于道德目标的学校教育变革探析

——富兰教育变革思想的启示

教育是有目的、有意识地培养人的活动，使人本身达到完成的状态。富兰指出："教育是一项意义深远的道德事业，需要一种道德目标。微观上的道德目标是使所有学生的生活机遇发生变化，使那些处境不利的学生的变化更大；而宏观的道德目标是教育对社会发展和民主的一种贡献；最高层面的道德目标是要建立一种系统，使所有学生都能努力学习，使好成绩学生与差成绩学生之间的距离大大缩短，并保证学习的内容能使学习者成为立足于道德之上的知识社会中的合格公民和劳动者。"[①] 但人们在扩大教育规模、追求教育效率的同时失却了学校道德目标和方向。在后现代社会，由于世界局势的瞬息万变和社会关系的错综复杂，重视学校变革的道德目标比以往任何时候都更加重要、更有意义。

一　学校变革的道德目标动因

学校变革并非新兴事物，自 20 世纪我国就开始了相关的研究和实践，进入 21 世纪，学校改革运动不断涌现，国内外各种

---

①　[加] 迈克尔·富兰：《学校领导的道德使命》，中央教育科学研究所、加拿大多伦多国际学院译，教育科学出版社 2005 年版，第 31 页。

理论不断兴起和传播，各种模式交替出现，拓展了人们的视野，丰富了人们的思维，同时也引起了诸多的论争。因此，学校必须用一种道德的目标澄清变革的价值和意图，而且，学校作为社会系统和教育体系的子要素之一，其道德目标的制定一定会受到诸多因素的影响。

（一）道德目标是教育公平思想的集中体现

教育公平是人类不断追求的社会理想与教育理想，是社会公平价值观念在教育领域的延伸和体现。对教育公平的研究主要体现在三个方面：教育起点的公平，即入学机会与权利的平等；教育过程的公平，是以平等的方式对待每一个人；教育效果的公平，也称之为学业成就均等，是教育产出、结果上的公平，这是实质意义的平等。我国目前已经基本实现了教育起点的公平，学生的入学机会和权利得到了法律和制度的保障，但是教育过程的公平尤其是教育效果的公平还存在明显的差距。教育是社会公共事业，而学校是体现教育利益和价值的场所，学校教育的"目的不是对贫困者进行施舍而求得道德上的宁静，而是基于对平等的公民身份的尊重，对彼此唇齿相依的民族情感和共同生活的维护，对良好的社会公共秩序的追求，对人类文化科学与共同价值的认同以及对教育质量与效益的严正承诺"。① 因此，学校变革的核心价值正是教育公平。公平并非意味着泯灭个性，而是体现个性化的平等。随着公平观念的日益深入，学校各层面的活动都把教育公平作为价值判断的标杆，所有的教育行为以确保每位学生得到公平的对待为目的，使所有学生不仅享有平等的受教育机会，更要促进其最优发展，以保证受教育的过程和效果平等。

---

① 康永久：《公立学校的公共性问题》，《教育理论与实践》2006 年第 26 期。

（二）道德目标是对以人为本理念的直观阐释

教育是培养人的社会活动，任何教育方式归根到底都是为了教育人、塑造人。《国家中长期教育改革和发展规划纲要（2010—2020年）》（以下简称《纲要》）明确提出把"以人为本"作为教育工作的指导方针，把关心所有学生的发展、为每位学生提供适合的教育、促进每位学生的成长作为学校一切工作的出发点和落脚点。学校作为有计划、有目的地进行系统教育的组织机构，也同样秉持以人为本的社会理念。一切教育活动以促进学生需要的满足和全面发展的实现作为基点和归宿，一切教育行为的最终价值都是为了学生、尊重学生。学生不仅是教育活动的主体，更是价值评判的主体，学校教育方法、教育内容、教学组织形式以及学校管理等方面的举措都以学生的成长发展作为判断的标准和依据，以促进学生的身心、智力、责任感、审美意识、精神价值等方面的成熟和完善为目标。尽管随着社会贫富差距的扩大，"当一些人面前障碍重重时，另一些竞争者已经率先起跑了。各种家庭的社会地位与经济地位不同，使得这场赛跑并不公平"。[①] 但在以人为本理念的影响和指导下，学校变革行为日渐注重所有学生的进步和提高，尤其是缩小"两极"学生之间的差距，力求所有学生得到充分的发展。

（三）道德目标是素质教育方针的内在要求

随着世界教育形势的演进和我国新一轮课程改革的实施，素质教育已经越来越凸显其重要地位，并日益受到政府的重视，《纲要》更进一步把全面实施素质教育作为今后教育改革发展的

---

① ［美］阿瑟·奥肯：《平等与效率——重大的抉择》，王本洲等译，华夏出版社1999年版，第41页。

战略主题。素质教育已经深入教育活动的各个角落，深刻影响了学校教育的变革。素质教育尽管源自于人们对"片面追求升学率"的不满，但其内涵要丰富得多，"素质教育是基于可持续发展战略而形成的追求受教育者全人格和谐发展，使其能主动适应与创造未来社会的教育思想"。① 素质教育的重要职能是发展学生的个性，充分开发他们的潜能。严格地说，每位学生都有独特的生长特点，素质教育使每位学生在共同的心理背景下显现五彩缤纷的独特色彩，新时期的学校教育应该在学生共性发展的基础上，为每位学生提供适合个性发展的教育形式，制定独特的教育内容。更重要的是，素质教育以提高全体学生的基本素质为根本目的，是面向全体学生的教育，全体性是素质教育最基本、最本质的规定，素质教育不允许学校按照某种标准，如性别、能力、社会和经济地位等的差异筛选和区别对待学生，素质教育驱使学校的发展目标必须具有全体性，以促进全体学生的个性、全面发展为最终目标。

二 道德目标之于学校变革的意义

教育以培养人的完成状态、促进学生自由发展为目的，而学校教育是履行这一职责的最佳途径。在变幻莫测、混乱交错的社会环境中，厘清学校变革的道德目标能够指明变革的价值导向，提供学校前进的方向，为学生当前和未来的生活提供动力，也能够促使教育持续前进、不断发展。

（一）道德目标的提出能够减少学校变革的阻力

马利斯指出，不管变革是人们渴望追求还是竭力抵制、是偶

---

① 杨章宏：《素质教育研究》，知识出版社 1999 年版，第 78 页。

然发生还是有计划地出现，无论人们是基于改革者或操纵者的立场还是以个人或机构的观点去看待变革，他们对变革的反应都心存矛盾。人们可以在一般意义上把改革看成是必要的，但如果意味着"我"也需要改革时，改革就变成了不可能。不同的角色往往基于自身的需求来认识变革，而需求之间的差异常导致冲突，源于不同变革主体间的利益冲突成为学校教育变革的阻力。例如，校长往往以领导者的身份出现，希望通过变革提高学校组织绩效获得上级认可以及良好的社会声誉，有可能出现过度权力化甚至强制性行为；而教师在得到领导的赏识、丰厚的奖金的驱使下所采取的竞争措施可能会引起教师之间和师生之间的矛盾冲突。在学校中，校长、教师和学生三类主体都有不同的利益需求。从总体上看，当这些主体的利益取向趋向一致时，彼此之间冲突的程度较为缓和，变革的阻力最小。而道德目标的提出能够统一不同变革主体导向共同的努力方向，协调彼此之间的利益关系，减少相互之间的矛盾和摩擦，为促进全体学生的发展而努力。学校变革的道德目标最终使变革主体内在的共同的精神追求和社会价值超越个人外在的物质利益和私人目标，不仅能够使学生的身心发生积极的变化和影响，更能够极大地减少变革的阻力，增强变革的持续性和有效性。

（二）道德目标的确立能够激发学校变革的内驱力

学校变革的重点在于激发变革主体的内生动力，让内驱力成为引导变革的主体力量，而变革主体内驱力的生成和保持在很大程度上取决于变革目标的关联性和一致性。关联性是指学校变革的主体在行为过程中要相互联系，而一致性表明变革主体努力的目标和方向要趋于一致。学校变革不是孤立、单独进行的社会过程，如果缺乏连贯性和一致性的目标，学校教育的流程将会被打断；如果没有始终如一的努力方向，变革的力量将会分散，波动会取代始终平稳的流程，这样的趋势将会挫败学校改革的尝试。当确定了明晰、统一的道德目标后，教育会成为学生自发的愿望和要求，促进全体学生的成长和发展也将成为共同的努力方向。由此，学生会更加自愿地接受教育，自觉地参与学校变革；教师会采用更加民主、科学的态度和方法进行教育；学校分配资源的各种措施、支持专业发展和评价变革质量的努力都会趋向一致，以管理保障教学，以教学促进学习，以学习提高管理，各变革主体之间能够形成良性的互动循环关系。道德目标能够尊重变革主体探索与创造的内在需要，提供发展的平台和成长的空间，增强变革主体应对变革的能力，有效地对将要出现的变化做出反应，并能够将这种能力作为一种终身的义务不断予以完善。接受变革、促进变革成为变革主体内在的需要和自身的追求，内生的需要超过外在的压力成为变革的主要推动力量。

（三）道德目标的实施能够形成学校变革的合力

富兰认为，学校变革从技术上讲很简单，但是从社会性上看很复杂，学校变革从来不是孤立地进行，其中必然涉及许多宏观和微观的主体和要素。从纵向看，学校变革至少在学校、社区和国家三个层面发生，单独依赖于任何一个层面都无法成功；在横向上，每个层面又包含若干影响因子，例如，在学校范围内，教师的工作热情和态度不仅会受到国家政策和学校管理规则的影响，也会受制于个人愿景、探索能力、控制能力和群体氛围等。这些主客观因素相互交织、相互影响，不可避免地产生冲突，消解学校变革的积极力量。而明确的道德目标能够有效调动并整合学校变革的各种力量，在道德目标的影响下，为全体学生个性发展的努力占据教育活动的支配地位，国家的社会、政治、经济力量被用来改变整个教育大环境，通过制定具有普遍性和根本性的措施，扩大积极的压力、支持积极的行动保证政策方针以促进全体学生发展为目的；学校和教师不断总结、检验和有选择地吸收已经积累的知识和智慧以及优秀的实践经验，通过民主合作的方式，促进学校各项活动和谐发展；社区创造和优化健康的育人环境，使学生所学的知识能够得以应用，使教师的教育理念，在从事社区服务的教学推动工作中，获得学习情境，赢得学习效果。总之，在道德目标的指导下，影响学校变革的各种力量能够相互支撑，成为一个有机融合的整体。

三 实现学校变革的道德目标之途径

"全世界的学校基本上都是保守性的组织。当我们处于稳定社会，我们的经验也适于解决未来的挑战之时，学校可以保持其稳定的、保守的组织形态。然而，世界已不再稳定。"① 随着知识经济时代的到来和全球一体化格局的形成，学校不可避免地受到来自组织内外的挑战，为实现学校变革的道德目标，我们需要作出更多的努力。

（一）教师：增加群体信任感，提高合作能力

教师是学校变革的动力，为实现学校变革的道德目标，教师要以更高的技能去提高素质和能力。首先，教师群体的彼此信任关系与道德目标的充分结合是最重要的资本。学校变革是集体而非个人的事业，需要全体教师的努力，教师间的信任关系不仅可以减少教师在接受与变革有关的、成败未卜的新任务时出现的挫败感，而且可以激发教师的道德使命。这种信任创造了学校变革中不可或缺的道德资源，促进了信仰、价值观、组织的日常工作

---

① ［挪］达林：《理论与战略：国际视野中的学校发展》，范国睿译，教育科学出版社 2002 年版，第 1 页。

和个人行为的发展，而这又促使学生积极行动、认真学习。要将学校构建成学习共同体，为教师提供情感归依、实践参与和自我实现的社会空间，形成教师之间强烈的信任感；利用教职工大会、假日庆典等形式促进教师相互了解，提高教师信任的基础。其次，教师必须与其他教师、管理人员、家长进行有效的交流与合作。合作是完成学校变革道德目标的重要手段，它在吸收全体组织成员的隐性知识方面具有功能，同时它也能够积极寻求和吸收组织外部新的思想和知识。① 合作可以分为内部合作和外部合作，内部合作主要指学校内部教师间的合作，外部合作指教师与别的学校、家庭、教育主管部门等外部组织的合作。② 教师通过集体备课、联研课题等在对话中相互学习、相互协作，共享双方的经验和教训，群策群力解决问题，不断总结、检验和有选择地吸收其他教师的观点和优秀的实践经验，并为一致的目标而工作。

（二）校长：提升管理能力，协调各方力量

教育在本质上是一种道德实践，校长的领导也需要道德努力，校长要以道德的精神和态度来对待和践行教育活动。彼得·普鲁克深刻指出，自我管理是人事方面的一场革命。这场革命向个人尤其是知识劳动者提出了前所未有的新要求，它要求每一个知识劳动者像首席执行官那样思想和行动。③ 分布式领导理论也强调，领导要相信团队、在各个层次上分配领导权力、为未来创

① ［加］迈克尔·富兰：《变革的力量：续集》，中央教育科学研究所、加拿大多伦多国际学院译，教育科学出版社 2004 年版，第 51 页。

② 吴中平等：《冲突与融合：学校文化建设新视角》，上海三联书店 2006 年版，第 27 页。

③ ［美］彼得·德鲁克：《个人的管理》，沈国华译，上海财经大学出版社 2003 年版，第 265 页。

建领导人才库。道德目标的实现取决于领导者能否挖掘组织内部人力资源的潜力，提升自身的内涵和领导意识，构建一支富有责任感的团队。因此，校长要在组织成员之间恰当分配领导力，赋予教师切实的权力和职责，通过集体讨论制定学校的各种方针政策，他们只对决策本身加以指导鼓励，对政策的可行性提出判别和决断，将学校发展的功劳归结于自身外的因素，同时承担教育决策失误中的主要责任。其次，校长处于学校管理的中间环节，能够很好地融合各方面的资源。具有道德目标的校长需要扮演好整合者的角色，协调统一自上而下的政策措施和自下而上的改革努力，调动教师、家长和所有人的热情和奉献精神来提高学生的学习能力，带着强烈的目标感扩大与外部不同合作者的联合，增强与其他校长在地区间的互动，以有利于社会的方式来扩大改革范围。总之，校长越是能够胸怀全局，理解学校变革的道德意义并致力于它的传播和扩大，道德目标也就越能成为学校和社会的特征，并因此使得更多学校得到改观。

（三）社区：参与变革实践，调动公众的积极性

世界教育经验显示，学校变革未能取得成功的一个很重要的原因是忽视了变革居于其间的社区的力量。在后现代社会，学校的边界变得更加易于渗入、更加透明，"不要把教育的权力交给一个单独的、垂直的、有等级的机构，使这种机构组成社会中的一个独特团体。相反，所有的集体、协会、工联、地方团体和中间组织都必须共同承担教育责任"。① 随着学校变革的日渐深入和学校事业的不断发展，学校与外部社会组织的关系也日益丰富和发展起来。学校教育改革的推进，迫切需要得到社区的支持。

---

① 联合国教科文组织国际教育发展委员会：《学会生存：教育世界的今天和明天》，教育科学出版社 1996 年版，第 202 页。

社区要强化对社区教育的整体规划，营造积极健康的社区环境，促进社区居民形成积极的价值观、态度和德行素养；要加强与学校教育的有力结合，增加对学生的影响，扩大学校教育的基础。在学校变革中，我们不应当低估公众心理现实中道德目标的深度，尤其是在涉及通过经济和社会发展来达到人格提升和生活质量改善的时候。① 随着公众之间人际交往的扩大和人力资源的合理利用，学校和社区之间关系的质量发生了明显的改进，学校要合理利用公众掌握的教育资源，满足学生多样化的教育需求，弥补学校教育资源单一甚至缺失的不足，提高学生的综合素质和实践能力，增强学习的主动性和积极性。

---

① ［加］迈克尔·富兰：《变革的力量：深度变革》，中央教育科学研究所、加拿大多伦多国际学院译，教育科学出版社 2004 年版，第 23 页。

道德内化：学生道德教育
实效性的切入点

一 假象背后折射："道德两难"的抉择

从社会成功人士的学历造假到大学教授的学术造假，社会的造假现象甚至渗透到具有健全道德价值观体系的所谓社会精英人士，更何况一般社会阶层更是"假"象丛生。当下的中国社会甚至可以说是被一片"假"象所笼罩，假烟、假酒、假化肥、假种子、假农药、假食品、假蔬菜、假文章、假公司，甚至出现了假人，据说在某某学校人早已死亡工资却照发。假象似乎已渗透到人们日常生活的方方面面，严重威胁着社会公共安全和利益。假象背后无不揭示人们的功利化追求。诚然，当今市场经济时代对物质利益的追求无可厚非，问题是当自身利益与社会利益，尤其是与社会伦理道德与价值信仰发生冲突时，如何面对和抉择，是摆在每个人面前的道德难题。外在利益的诱惑下即使一些社会精英人士，如知识分子、商业人士、政府官员也会摒弃道德操守，甚至不惜危害社会公众利益，以迎合自己的一己之私。上述假象背后折射了一种"道德两难"问题，即外在的利益追求与内在道德伦理的冲突问题，类似于中国古代的"义利之辨"问题。皮亚杰曾以"海因茨偷药"事件这种两难问题作为研究儿童道德发展阶段的研究基点。生活在社会的每一个成人都有自己的道德观、价值观、伦理观，都懂得一些基本的道德规范和伦理准则，像一些所谓的社会精英人士，甚至有着比常人更健全的道德价值体系，可是遇到义利这样的两难问题时，也有人没有坚持自己的道德操守，成了外在名利的奴隶，更不用说社会平常人了。这也是造成当今社会假象如此普遍的重要原因。那么，我们可能要进一步追问：造成面对义利矛盾时人们舍义取利的深层的道德原因又是什么呢？回答可能是多方面的，有社会的原因，家庭的原因，个人本身的原因，而学校道德教育的失效不能不说是重要原因，是道德教育没有从根本上把外在的道德要求内化为受教育者个体道德价值信仰体系。也就是说，上述所谓的成人具有的道德价值观等，只是以知识的形式存在于头脑中，还没有纳入个体的信仰体系中。个体所受的道德教育只是停留在表面，还没有落到实处。

二　道德精神内化：必要的心理学机制

国外许多心理学家对儿童道德发展的心理机制尽心研究，比较知名的如皮亚杰、科尔伯格。皮亚杰在《儿童的道德判断》一书中，根据大量的临床研究，分析了儿童对游戏规则的理解和遵守过程，并通过一些两难故事的观察实验，把儿童的品德发展划分为四个阶段，即自我中心阶段（2—5岁），权威阶段（6—8岁），可逆性阶段（9—10岁），公证阶段（11—12岁），每个阶段儿童表现出不同的道德水平和行为准则。并且各个阶段不是绝对孤立的，而是连续发展的。品德发展的阶段是一个连续的统一体，其中贯穿着四个基本观点，即从单纯的规则到具有真正意义的准则；从单方面的尊重到多方面的尊重；从约束的道德品质到合作的道德品质；从他律到自律。当然，应用时加以界说只是为了研究的方便，并不表明发展的连续体的中断。① 后来，美国认知心理学家科尔伯格对皮亚杰的道德认知发展阶段理论进行了修正和完善，他根据道德两难故事进行考察，提出了儿童道德认知发展的三种水平六个阶段。水平一：前习俗水平，着眼于行为的具体后果和自身利害关系来判断是非。包含阶段1惩罚和服从取向阶段，阶段2相对功利取向阶段；水平二：习俗水平，以满足社会舆论期望、受到赞扬为道德判断的依据。包括阶段3寻求认可取向阶段，阶段4遵守法规取向阶段；水平三：后习俗水平，这个阶段的人已经达到完全自律的境界。包括阶段5社会契约取向阶段，阶段6普遍伦理取向阶段。② 上述皮亚杰和科尔伯格有关儿童道德发展阶段的研究虽然有着明显的缺陷，却给我国儿童道德教育的研究提供了方法论上的思考和借鉴。反思我国当下的道德教育的研究和实施，很少有人从学理上对儿童道德发展的心理发生发展机制进行研究，无论从德育内容安排上，实施的策略方法上以及评价方式上都停留在简单化、粗放式的水平上。因此道德教育无法从儿童道德的心理发生机制上找到科学的路径，外在的道德内容和要求就很难内化为儿童本身的道德认知。培养出来的就是所谓"语言的巨人，行动的矮子"。当遇到外在的诱因时薄弱、虚妄的道德防线很容易被销蚀。对于社会的造假事件很多人都在谴责和批驳，殊不知当自己身处那种个人利益与社会利益的两难冲突时，很难保证自己不会被私欲所诱惑。社会上打假之声轰轰烈烈，造假之势却愈演愈烈，就是良好的写照。所以当前我国道德教育面临着两个紧迫的任务：一是教育理论与

---

① ［瑞］皮亚杰：《儿童的道德判断》，傅统先、陆有铨译，山东教育出版社1984年版，第53页。

② ［美］科尔伯格：《道德教育的哲学》，魏贤超等译，浙江教育出版社2000年版，第124页。

心理研究工作者对儿童道德发展心理机制和规律的研究，以为我国德育实践提供科学的依据与借鉴；二是教育实践工作者在德育实践过程中一定要根据儿童的身心发展规律，尤其是根据儿童的心理特点选择适宜的德育内容和德育方法。

三　道德教育转化：合理的教育学设计

早在几千年前古希腊哲学家苏格拉底就提出了"道德是否可教"的追问。他认为美德就是知识或智慧，因为人只做自己认为善的事，作恶是出于对善的无知，所以：美德即知识，知识可教，故美德可教。苏格拉底的提问及其解答，成为道德教育的"千年话题"。质疑者大量存在，支持者也为数众多。比如卢梭和斯坦利·霍尔就认为，学校德育限制了儿童的发展，儿童完全可以不依赖成人的教导而形成关于社会和道德的见解，教育所能提供的最大帮助就是不去妨碍儿童的成长。叔本华和尼采认为，教育对道德的形成不起任何作用，道德受意志支配，正因为意志不可改变，所以道德是教不会的。[①] 也有很多学者认为，道德是可教的，如洛克从完全经验立场出发，指出儿童的心灵最初是一块白板，人的观念靠后天环境的"外铄"而成。康德和赫尔巴特认为，道德是一种服从善良意志的绝对命令的义务感，将意志转化为道德需要教育，所以道德是可教的，知识可以通过讲授、记诵等方式习得或教会。但道德不光停留在知识层面，更重要的是精神内化，因此教可以启迪道德智慧，却不能使人拥有智慧。

"道德可教"问题的争论，源于人们对道德问题的认识，

---

① 王图：《对道德可教的辩护及其道德教学的限度》，《中国德育》2009 年第6 期。

也与对教学的理解有关。道德既有知识经验的成分，又有意志、情感的因素，还有学术行为的参与，教学既是经验与知识的传递，也是情感、态度和价值观的训练与塑造。由此看来，道德可教性在某种程度上是成立的。随着神经生理学、心理学的发展，对于道德发生机制的生理学、心理学研究，随着教育实践经验的不断丰富和教育理论的发展，为道德教育问题提供了科学的依据。人们在研究道德"如何教"、"教什么"、"怎样教才有实效"等问题时借鉴心理学、教育学的有关知识，在实践中通过必要的教育学设计与转化，可以提高道德可教的合理化水平。

　　道德教育包含有两种因素：一是静态的道德内容，二是动态的施教过程。道德教育的教育学设计应从这两方面入手，道德内容方面，以儿童的道德认知特点为依据进行具体分解与处理。目前我国德育内容有两个基本误区：一是表述的抽象性，二是缺少针对性。在低年级，儿童思维是具体形象思维，活泼、生动、形象的文字有利于他们的认知，因此道德内容应该生活化、场景化、儿语化，像"爱祖国"、"爱劳动"、"爱社会主义"这种既概括又抽象的表达方式应进行适当转变，道德内容设计应从个体自身道德修养层面入手，因为儿童的社会性还不强，更多地表现为个体性，因此道德内容应从比如说真话、有礼貌、善待他人、建立良好的生活习惯等与个体生活有关的内容入手，这样更有利于道德精神的内化。科尔伯格的道德阶段理论指出：个体在不同的道德发展水平阶段，对道德规则的认知特点是不同的。前习俗水平的个体，各种准则和社会期望对于其自我来说是一些外在的东西；习俗水平的个体，各种准则及他人尤其是权威人士的期望与其自我一致或已为自我内化；后习俗水平个体，将其自我从各种准则及他人的期望中分离出来，并会依据自我选择的原则作出他对社会准则的看法。①

　　基于上述道德发展阶段的分析，在小学低、中年级，学生基本处于前习俗水平，教育教学应侧重于对道德规范与准则的理解和服从，在小学高年级阶段及初中阶段，学生主要处于习俗水平阶段，应注重道德原理的认同和内化；在高中阶段，学生处于习俗水平和后习俗水平的交叉期，一方面要继续从事习俗水平道德的学习，同时还要推动学生对道德原理的原则化认知与信奉，进行崇高的道德理想教育，到大学及成人阶段，基本处于后习俗水平阶段，应动用学校和社会的双重力量促进个体的道德自律和对普世道德伦理的认同，形成个体稳固的道德人格。

四　道德信念坚守：必要的规则惩戒

　　在人们的既有认知中道德是和法律相对的概念，法律依靠强制而道德依靠担当。法律靠他律而道德靠自律。人作为世界上最复杂的生物，是理性与非理性、道德与非道德的统一体。世界上没有道德完人，除非他是神或泥塑，因此靠自律来约束道德在理论上是合理的，但在实践上是不完备的。所谓坚守道德信念应在靠主体自律的同时辅之以外在的必要规则，来约束或惩戒违反道德的行为。学校道德教育中在进行正面道德教育的同时，要建立必要的学校强制执行的学生必须遵守的道德规则，这种道德规则具有警示或惩戒的功效，实际上也是一种教育。通过规则惩戒让人认识到违反道德是会付出代价，受到惩罚的，当时可能有情绪上的抵触，但以后就会体会到其中的教育价值。我们每个人小时都有被老师批评的记忆，当时可能会记恨甚至仇恨老师，但长大

---

① ［美］科尔伯格：《道德教育的哲学》，魏贤超等译，浙江教育出版社 2000年版，第 126 页。

后可能都会感激老师的，因为他的批评是正确的，对自己的道德塑造是正面的，有可能就因为老师的一次批评会使你受益终身。所以道德教育不能只靠内在的道德自律，也要运用必要的惩戒机制。在社会层面，像法律条文那样制定社会道德约束准则也是必要的。成人世界的复杂性，在各种功利驱使下，人们的道德防线很难免不被突破，我们每个人恐怕都做过所谓昧良心的违背道德的事情，比如撒个谎、占点蝇头小利之事，制定相关的约束规则，在一定程度上会起到震慑的作用。当有人要超越道德底线时，他要考量由此带来的舆论的、社会的后果，这种约束有时会比单纯的正面教育更有效。

学习化社会与教育的革新

——重读《学会生存》的启示

  联合国教科文组织编写的《学会生存》作为当代教育思想发展里程碑式的著作,立足全球视野明确提出了"向学习化社会前进"的教育理念并提出了一系列策略,为人类未来教育的发展描绘了理想蓝图。时至今日"学习化社会"、"终身教育"、"终身学习"[①] 等理念已成为世界各国教育改革与发展的行动指针,对我国的教育思想、教育政策和教育实践也产生了重要的影响。我国颁布的《国家中长期教育改革和发展纲要》(2010—2020)(以下简称《纲要》)明确指出:到 2020 年,基本实现教育现代化,基本形成学习型社会,进入人力资源强国行列。[②] 并针对这一目标提出了系列改革的举措。重读《学会生存》,其中学习化社会的构想及其由此带来的教育理念的革新与解放对我国的教育改革仍具有重要的启示。

---

  ① 本文认为"学习化社会""终身教育""终身学习"等概念,只是从不同的主体视角和实践出发呈现的不同表述,在内涵上具有内在的一致性。因此本文除非特别说明,都是在统一意义上使用这些概念。

  ② 《国家中长期教育改革与发展纲要》,人民出版社 2010 年版,第 14 页。

一　学习化社会的构想

（一）　教育时空的延展

人类社会的教育形态发展至今经历了由原始社会非形式化的教育到学校形成后的形式化教育再到近代教育制度形成后的制度化教育。这一历程无疑彰显了人类教育的文明与进步。然而制度化或体系化的教育也存在着弊端与问题，即人们往往把教育限定在特定的社会范围内，把人的教育限定在特殊的人生成长期，并把教育系统与其他社会子系统割裂和对立起来。这种封闭的制度体系，虽然自身也可能会有很好的发展，但由于其固有的弱点，很容易与社会发展相脱节。《学会生存》成书前后正是二战后西方经济社会飞速发展的时期，而当时许多国家尤其西方发达国家的教育体制明显不能与飞速发展的社会相适应，因此改革封闭的教育体制，构建学习化社会就成为教育变革的主要方向和目标。"当前的社会——更不必说未来的社会——的前景已不限于建立一些可以任意扩大和分割整栋教育大厦，把各类的教育加在一起并组合起来的体系。我们必须超越纯体系的概念之外，来考虑对事物的另一种安排。"① 学习化社会的构建需要突破体系的束缚，使教育系统向社会开放，与社会其他系统保持互动，保持其灵活性和动态性，进而与社会其他系统进行必要的沟通与协调。教育体系的开放性要求教育活动不再囿于学校系统和个体的特殊时期，而是扩大到整个社会与人生。"教育已不再是某些杰出人才的特权或某一特定年龄的规定活动：教育正在日益向着包括整个

---

① 联合国教科文组织国际教育发展委员会编：《学会生存》，人民教育出版社1994年版，第199页。

社会和个人终身的方向发展。"① 我国颁行的《纲要》也提出，"进一步解放思想，更新观念，深化改革，提高教育开放水平，全面形成与社会主义市场经济体制和全面建设小康社会目标相适应的充满活力、富有效率、更加开放、有利于科学发展的教育体制机制"。② 建设开放、灵活、富有效率的教育体制，也是当前我国教育改革的重要目标，是实现学习化社会的重要保障。

学习化社会的实现需要突破封闭、静止的体系，实现教育在时空上的延展，即"向着包括整个社会和个人终身的方向发展"。"教育正在越出历史悠久的传统教育所规定的限制。它正逐渐在时间和空间上扩展到它的真正领域——整个人的各个方面。由于这些方面过于广泛而复杂，一直无法包括在任何'体系'之内。"③教育体系这种时空上的延展，在横向上表现为教育的全民性，即要求教育的场所不再局限于学校的四角天空内，而是扩大到整个社会，把社会中有利于教育或学习的机构和资源加以整合与利用，真正实现杜威所说的"社会即学校"；学习者不再局限于特定群体（青少年）而是扩大到所有社会成员。未来的教育不是某些人享有的特权，而是所有合法公民的普遍权利。这也是未来社会发展对人提出的基本要求。在知识经济社会和信息时代，知识更新加剧，人们的日常生活需要知识与信息来维持，每一个人时时刻刻面临着未知的知识，对人的学习提出了要求。"他必须有能力在自己的一生中抓住和利用各种机会，去更

---

① 联合国教科文组织国际教育发展委员会编：《学会生存》，人民教育出版社1994年版，第120页。

② 《国家中长期教育改革与发展纲要》，人民出版社2010年版，第34页。

③ 联合国教科文组织国际教育发展委员会编：《学会生存》，人民教育出版社1994年版，第200页。

新、深化和进一步充实最初的知识，使自己适应不断变革的世界。"[1] 在纵向上体现为个体学习的终身性。学习化社会与终身学习、终身教育具有内在一致性，从个体的生命维度来说即为终身学习。教育或学习已不再仅仅局限于人生成长的某一阶段，而是贯穿人的一生。《学会生存》明确把人界定为"未完成的人"，"我们可以说，人永远不会变成一个成人，他的生存是一个无止境的完善过程和学习过程"。"个人的整个一生只不过是使他自己诞生的过程；事实上，当我们死亡的时候，我们只是在充分的出生。"[2] 人的未完成性需要人用一生去学习，尤其在当今知识经济与信息社会，"终身学习是人类开启知识社会大门、适应并且驾驭知识经济的一把钥匙"。[3] 在价值预期上体现为平等性。学习化社会蕴含着公民在社会中具有平等的受教育或学习的机会。这种学习的平等性在不同的社会阶段可能具有不同的水平，首先是保证人人有受教育或学习的机会，这是学习化社会的基础，其次是更高层次的如过程的平等、结果的平等、资源享有的平等等，这也是未来学习化社会进一步发展的目标。我国的《纲要》也提出了"学历教育和非学历教育协调发展，职业教育和普通教育相互沟通，职前教育和职后教育有效衔接"，"促进全体人民学有所教、学有所成、学有所用"[4] 等发展终身教育，构建学习化社会的目标与要求。随着经济全球化的发展，人作为"类主体"所具有的共同价值和诉求将无限扩大，有教无类这一

---

① 《教育——财富蕴藏其中》（联合国教科文组织教育丛书），教育科学出版社1996年版，第75页。

② 联合国教科文组织国际教育发展委员会编：《学会生存》，人民教育出版社1994年版，第197页。

③ 《中国教育绿皮书——中国教育政策年度分析报告》，教育科学出版社2001年版，第166页。

④ 《国家中长期教育改革与发展纲要》，人民出版社2010年版，第45页。

孔子的教育理想，将在更大的范围内实现其可能性，这就是人类未来的教育前景。

（二）"教育共同体"的构建

学习化社会是具有普世价值的教育理念，它不仅仅局限于某个区域、某个国家，而是整个世界，为此《学会生存》提出了近乎"教育共同体"的构想。正如埃德加·富尔主席在致函时任联合国教科文组织总干事勒内·马厄的信中所说："在各个不同的国家和文化中，在各种不同的政治选择和发展程度上，存在着一个国际共同体，这个国际共同体反映出各国共同的抱负、问题和倾向，反映出它们走向同一目的的行动"，"我们于1972年决定着手对教育形势作一个批判性的评价，这就是说，我们力求把世界看作一个整体，去识别它的共同特征"①。随着知识科技的发展，国际合作的加强，文化日趋多样与交互融合，人类共同利益的扩大，学习已成为"地球村"中的人们的共同需要，人类的教育事业正呈现全局化和全球性的发展趋势。教育已由局部性和部门性问题发展成为整体性和全局性问题。各国的教育在立足于民族性、本土性的同时，更注重国际性与世界性。未来世界教育将逐步呈现教育制度的互惠、教育资源的共享、教育组织的协调、教育利益的趋同等特点。早在20世纪六七十年代，《学会生存》中就深刻认识到这一点，不能不说是对人类教育发展方向的敏锐洞见。书中还对构建这一共同体提供了一些策略上的建议。

首先，必要的组织协调。世界范围内的学习化社会的构建需要一种组织的协调，这种组织不是实体性的，而是有关国际组织

---

① 联合国教科文组织国际教育发展委员会编：《学会生存》，人民教育出版社1994年版，第2页。

和国家组织的联合，通过一定的规则与机构，建立一种国际间的组织协调机制。《学会生存》中明确指出了联合国教科文组织在这一机制的特殊地位。"教育的任何一方面的活动几乎没有一个不在这个组织的活动范围内得到了考虑、研究和阐述。我们有理由可以声称：如果没有一个像'联合国教科文组织'这样的组织，关于教育理论与实践的许多基本概念就不可能迅速地传遍全世界。"① 比如，联合国教科文组织在其主管的教育、科学、文化、传播与信息等业务范围内建立了十多个政府间机构及大型合作计划，推动国际智力合作；它还同世界上三百多个教育、科学、文化等领域有重要地位和影响的非政府国际组织建立了正式（协作类、资讯类）关系或业务关系。联合国教科文组织利用其在世界教育文化发展中的特殊地位，联合其他国际或区域组织开展了多种形式的活动，推动世界教育的发展。如1990年，教科文组织与联合国其他有关机构合作，在泰国召开了世界全民教育大会，会议提出的扫盲和普及初等教育的目标对国际社会未来10年的教育发展产生了深刻影响。1998年10月，教科文组织在巴黎首次召开了规模空前的"世界高等教育大会"，会议对高等教育的质量、目标、资金筹措和管理、国际合作等问题进行了专题研讨，通过了《面向21世纪高等教育宣言：观念与行动》及《高等教育变革和发展的优先行动纲领》。2000年4月，教科文组织在塞内加尔举办了"全民教育论坛"，总结了过去10年扫盲和普及初等教育过程中存在的不足之处并制定今后工作的新战略。

其次，国际团结与合作。学习化社会的推进需要世界各国走团结与合作之路。教育的发展主要依靠各个国家团体提供教育的

---

① 联合国教科文组织国际教育发展委员会编：《学会生存》，人民教育出版社1994年版，第292页。

资源。一切国家都有这个义务。在一个世界共同体内由交流与合作所得到的好处，对于所有国家来说，都是同样有利的。"所以，在各个发展水平上的一切国家都应该共同努力走向国际团结的道路，与此同时，对发展中国家给予特别考虑。"①这种合作在范围上包括国际组织之间的合作，如联合国教科文组织与其他国际组织的合作；国际组织与各国政府的合作；国家间的合作，如发达国家之间，发达国家与发展中国家之间，发展中国家之间的合作。20世纪下半叶以来这种全方位的国际合作越来越广泛深入，世界各国教育文化之间的交流与共享不断扩大。在合作的内容上也是全方位的，包括智力的合作，如教育经验的交流与共享；学生与教师间的流动，如派遣教师到别国工作，特殊专业学生到别国学习等；交换专家、文凭价值等同、国外留学等。另外，这种国际合作的一种特殊形式，就是国际组织或发达国家对发展中国家的援助，帮助发展中国家发展文化教育事业，这些援助形式包括智力援助、技术援助、财政援助等，如许多联合国机构对发展中国家的教育、科研和训练提供的援助，包括派遣专家、给予研究资助、办训练班、对全国的或地方的教学机构提供津贴、供应设备与书刊等。还有一些国际或地区经济组织为第三世界国家的教育文化发展提供的贷款，如世界银行、联合国开发计划署提供给发展中国家的教育贷款，都有力地推动了这些国家教育文化的发展。

随着改革开放的深化，我国的教育开放程度也不断加强，与国际组织和世界各国的教育文化交流与合作越来越频繁。《纲要》中对今后我国教育交流与合作提出了明确的原则与方向："加强国界交流与合作"，"引进优质教育资源"，"提高交流合作

---

① 联合国教科文组织国际教育发展委员会编：《学会生存》，人民教育出版社1994年版，第279页。

水平"，"加强与联合国教科文组织的合作，积极参与双边、多边和全球性、区域性教育合作"等，① 这些都将会更加有利促进我国教育的对外开放，吸收国外的优质教育资源，推动我国终身教育和学习化社会的构建。

（三）教育的全面革新

学习化社会的构建，需要转变传统教育观念，改革旧有教育体制，进行教育的全面革新。教育革新是实现终身教育和学习化社会的基础。教育革新不是局部的修修补补，也不是对成功经验的照搬，而是教育全方位的改革与创新，是"教育变迁的一种形式"。②《学会生存》中指出：实践中的改进不一定是革新，教育活动中的变化也不一定是革新。因此照搬经过成功试验的实践（更不必恢复到过去的实践）、传播初级技术、部分修改行政程序、逐步改进某些教学内容与方法等，除了滥用术语外，都不算是革新。③ 革新在于"新"，教育的革新在于建立新观念、新方法、新技术、新制度、新标准；教育革新还应具有全局性，是对教育大厦的整体变革，而不是查漏补缺；教育革新还需要进行深入研究、深思熟虑，进行长时间的研究与实验，而不是突发奇想。学习化社会的构建是教育革新的系统工程，需要深入研究和大胆探索，勇于突破传统观念的束缚，吸取和创造新观念，调动全社会力量进行全局性渐进式改革。

以终身教育和学习化社会为理念基础和目标，《学会生存》描绘了一个教育革新的蓝图：从教育政策到具体教育活动，从教

① 《国家中长期教育改革与发展纲要》，人民出版社 2010 年版，第 48 页。
② 顾明远主编：《教育大辞典》，上海教育出版社 1992 年版，第 419 页。
③ 联合国教科文组织国际教育发展委员会编：《学会生存》，人民教育出版社 1994 年版，第 219 页。

育机构到教育形式，从基础教育到高等教育再到成人教育，从学校教育到社会教育，从组织学习到个体学习。并从原则、考虑、建议、说明与例证进行了全面阐述，提出了许多新的理念与设想，直到如今仍然对各国的教育改革与创新具有重要的理论意义与实践价值。如《学会生存》中提出：必须在实践和空间上重新分配教学活动，从而在教育中恢复生活经验的各个方面。这是教育革新的总原则，这种教学活动的时空再分配，就是使每一个人按照他的需要和方便，在他一生中的任何时候都能够受到好的教育，即教育要突破学校的围墙，"所有教育机构和各种方式的社会经济活动都必须用来为教育宗旨服务"。"每一个人应该能够在一个比较灵活的范围内，比较自由地选择他的道路。如果离开这个教育体系，他也不至于被迫终身放弃利用各种设施的权利。"① 在学校教育系统内，不论是基础教育还是高等教育抑或成人教育，更注重形式的灵活性，把制度化的和非制度化的教育结合成一个连贯的体系，减少人为的形式主义，为受教育者营造一种自由、宽松、可选择的教育环境，使得每个人都能够"按取所需"。

二　学习化社会视野下教育的解放

　　学习化社会的理念带来了教育的解放。解放的原意即解除束缚，是对事物原有形态的突破。"根据这点，过去那些教师和教育家们的创造性直觉同现实是吻合的。他们认为，教育能够是，而且必然是一种解放。"② 只有把教育看作是一种解放的工具，

---

　　① 联合国教科文组织国际教育发展委员会编：《学会生存》，人民教育出版社1994年版，第158页。

　　② 同上书，第176页。

提高教育的解放力，赋予教育应有的主体地位和品质，教育才能
成为学习化社会的动力之源。教育即解放是《学会生存》中的
基本命题，是建立学习化社会和进行全方面教育革新的基本旨
归。"教育的解放"与"学习化社会"具有内在统一性，互为前
提，相辅相成。它带来了对教育整体理念的重建与现实改造。

（一）学校功能的释放

人们一般把学校定义为有计划、有组织地进行系统的教育的
组织机构。其基本运作方式是把学生按学习层次分成固定的教学
班级，按照教学计划和课程表进行分科教学。随着教育的改革和
学习化社会的构建，学校作为教育的场所，这种传统固有的形式
逐渐被打破，在教育实践中其功能也逐渐释放和多样化。

《学会生存》描绘了在教育革新中出现的多样化的学校形
式，如"多值班级、统一学校、不分级学校、过度课堂、无墙学
校、综合学校、多科学校、不分科学校、社区学院、随到随学中
学开放学校、自由大学、农场学校"[1] 这些多样化的学校形态，
解放了传统的学校形式，使之增添了新的功能，发挥了更加全面
与深刻的教育作用。学校的物理规格应更具灵活性与人性化。
"学校的空间已没有必要再建筑那种容纳30、40人的课堂了。有
许多学校的内部建筑新颖而具有创造性。带有灵活的可供多种目
的之用的房间和分割的小房间，可以随意供大组和小组或个人学
习之用。""学生座位的安排、上课时间表、教职员工的工作分
配、仪器设备的公布等都倾向于具有灵活性。同时，学校机构也
更具灵活性，以适应社会和技术的发展。"[2] 同时，学校的发展

---

① 　联合国教科文组织国际教育发展委员会编：《学会生存》，人民教育出版社
1994年版，第170页。

② 　同上书，第173页。

应改变注重外延即物质方面的发展，而应把注意力放在学校教育的非物质方面，即它的内涵方面，比如通过创立新型的师生关系，树立新的教育气氛等。

学校功能的释放还体现在加强学校与社会的联系。学校应向社会开放，加强与社会的联系是学习化社会的必然选择。在社会更加开放，联系更加密切，科技飞速发展的时代，学校不再是神圣的象牙塔，而是人们增进知识、加强交流的生活场所。学校应把自身当作一个多重目的的文化中心，增进与社会公众的交流。如学校的图书馆作为公共图书馆对大众服务；实验室、运动设备、资料室等向社区开放等。学校还应积极吸引家长参与学校事务，共同制定教育计划，参与学校管理与教学等。

（二）教师角色的重塑

中国几千年的教育传统，把教师定位于教育过程的主宰者，是知识与道德的权威，"师道尊严"、"一日为师，终身为父"一直是教师社会角色的伦理法则。在教育活动中教师往往以自我为中心，"无视学生的精神状况和现实处境，而认为自己比学生优越，对学生耳提面命，不能与学生平等相待，更不能向学生敞开自己的心扉"。[①] 而教育解放的重要一维就是突破固有的教师角色定位，实现教师观念的转向。"在解放教育的实践中，教育工作者作为受教育者的教育者必须'死去'，以便作为受教育者的受教育者重新'诞生'。同时，他还必需向受教育者建议：他应作为教育者的受教育者而'死去'，以便作为教育者的教育者而'重生'。这是一个往来不绝的过程。这是一个谦逊的和有创造

---

① ［德］雅斯贝尔斯：《什么是教育》，邹进译，生活·读书·新知三联书店1991年版，第171页。

性的活动，在这里教育者和受教育者都必须参加。"① 教师必须摒弃那种"唯我"（自己）与"无人"（学生）的教育，而要把教育对象当作"人"来对待，并且是与自己平等的人来对待。师生之间不再是传统的上级与下级、服从与被服从的关系，而是民主平等、和谐共处的关系。在教育活动中，教师不是教给学生知识，而是帮助学生学会学习，使学生掌握自我学习的本领，以适应未来的学习化社会。"教师不再是知识的托管人、垄断者和传播者，而是学生智慧的启发者、引路人。今后的教师将会越来越少地传递知识，而越来越多地激励思考。教师将越来越成为学生的顾问，一位交换意见的参加者，一位帮助发现矛盾论点而不是拿出现成真理的人。"② 这种角色的转换对教师劳动提出了更高的要求，教师应改变灌输式的"教书匠"和"国家课程传声筒"角色，发挥自己的主观能动性和创造精神，不断反思自己的教学实践，勇于进行教学改革，形成自身的教学特色。我国的《纲要》明确指出了教师角色的转换：鼓励教师和校长在实践中大胆探索，创新教育思想、教育模式和教学方法，形成教学特色和办学风格。

（三）学生主体性的凸显

良好教育的前提是对学生的正确认识，而教育问题的存在，大多也与对学生缺乏科学的认识有关。"学生是受教育者"、"学生是知识的接受者"、"学生是未成熟的人"等传统的认知其实是似是而非的。从存在论哲学视野出发，认识学生的属性，就要考察学生的存在。学生是作为人而存在并且是一

---

① 联合国教科文组织国际教育发展委员会编：《学会生存》，人民教育出版社1994年版，第176页。

② 同上书，第108页。

种主体性存在。"他有他自己的历史，这个历史是不能和任何别人的历史混淆的。他有他自己的个性，这种个性随着年龄的增长而越来越被一个由许多因素组成的复合体所决定。"① 教育过程就是帮助学生以一切可能的形式去实现他自己，使他成为发展与变化的主体。教育通过把人类积累起来的精神财富转化为学习者的智慧与能力，培育他们的主体意识与主体能力。"未来的学校必须把教育的对象变成自己教育自己的主体。受教育的人必须成为教育他自己的人；别人的教育必须成为这个人自己的教育。"② 教育的一个重要目的就是解放学生的这种主体性，使他在学习中"发现他自己"，主动地发展他自己，使他在体力、智力、情绪、伦理各方面得到综合发展，成为一个完善的人。

学生的这种主体性在教学实践中体现为主动学习和自我教育。教育要培养学生主动学习的能力，引导学生形成能动的学习意识，培养创造性思维能力。教育"要保持一个人的首创精神和创造力而不放弃把他放在真实生活中的需要：传递文化而不用现成的模式去压抑他；鼓励他，发挥他的天才、能力和个人的表达方式，而不助长他的个人主义；密切注意每一个人的独特性，而不忽视创造也是一种集体活动"。③ 发展每一个受教育者的潜能，使每一个人自由地发展他的才能与爱好。具备了能动的创造精神，学习就成为他自己的事，教育也成为他自己的事，他变成了自我教育的主体。这正是学习化社会对人的学习素养的基本要求。

---

① 联合国教科文组织国际教育发展委员会编：《学会生存》，人民教育出版社1994年版，第196页。
② 同上书，第200页。
③ 同上书，第188页。

（四）教学理念的重建

中国传统的"上所施，下所效"的教学理念，造成了教学过程中的重教轻学，重师轻生，师者尊、学者卑，教主动、学被动的教学关系与格局。学习化社会的构建呼唤教学观念的更新与转变，当代教育的改革与发展正在对这一理念与格局进行解构与重建。教学的中心正在由"教"向"学"转向，学习越来越成为教育中的核心概念，而学会学习成为教学的主旨。教学的概念应重新界定为"教学就是教会学生如何学习"。"如果我们要学习的所有东西都必须不断地重新发明和日益更新，那么教学就变成了教育，而且就越来越变成了学习。"① 学会学习作为教学的时代主题，就是要教会学生自主学习、独立思考、主动发展。教学的过程变成了学习过程。教学方式更多的是一种学习方式，教师成为帮助学生学习的助手。按照建构主义学习观，学生的知识不是外在授予的而是自我建构的，是主体对外部信息的同化和顺应。人的成长与发展主要不是被教之和被告之的，而是在自由、自觉和自主的学习中获得的。未来的教学不再是对学生实行"定向圈养"，而是让他们在知识的大草原上自由自主地觅食。"知识不能是由自认为有知识的人'普及'或'灌输'到自认为没有知识的人的；知识是通过人与宇宙的关系，通过充满变化的关系建立起来的，在这种关系中批判地解决问题，又促使知识发展。"②

学习化社会必然带来教学或学习的变革，在《教育——财富蕴藏其中》中明确提出了教育的四大支柱，即"学会认知"、

---

① 联合国教科文组织国际教育发展委员会编：《学会生存》，人民教育出版社1994年版，第166页。

② 同上书，第104页。

"学会做事"、"学会共同生活"、"学会生存"，这四种能力概括一点就是要学会学习。"未来的文盲将不是没有知识的人，而是不会学习的人。"学会学习意味着自主学习、创造性学习，学习者对学习有着明确的目的和清醒的认识，能合理地利用资源和作出安排，懂得借鉴他人和与他人合作，具有好的学习方法并有效率。这些都为未来的学习者提出了更高要求。我国基础教育课程改革中学习方式的变革，强调学生进行"自主性学习"、"探究性学习"、"合作学习"，目的就是培养学生的自主学习能力，使之学会学习，适应终身学习和学习化社会的需要。

杜威的教育目的意蕴解读

约翰·杜威作为美国著名的实用主义哲学家和教育家，在世界教育史上具有举足轻重的地位，他的教育理论在世界范围内产生了深远的影响，其中，教育目的作为杜威教育思想的核心内容也引起了广泛的关注和讨论，其丰富而深刻的内涵以及对教育的启示至今仍需进行不断的理解和审思。

一 教育有没有目的

杜威的教育目的思想集中反映在他的代表著作《民主主义与教育》中，现有众多对杜威教育目的的立论往往集中于阐发发展的教育意义时的一句话，即"教育的过程，在它自身以外没有目的；它就是它自己的目的"。① 以此作为论据，进而得出杜威是"教育无目的"论者，或者说杜威是"教育内在目的"论者，他反对"教育外在目的论"等论调。作为实用主义哲学家的杜威实际上也是理想主义者，他在论述教育目的时，是把外在赋予教育的目的作为自己立论的靶子来阐释教育目的观的。实际上，在杜威那里并没有所谓的教育"内在目的"与"外在目的"之分，教育目的就是教育目的，没有内

---

① ［美］约翰·杜威:《民主主义与教育》，王承绪译，人民教育出版社2001年版，第54页。

外之分。他认为人们从外在的功利目的出发所提出的教育目的，不是真正的教育目的，而是把别的目的加到了教育的头上。

在英语中关于"目的"一词有 purpose、goal、aim、objective、end 等等，杜威在"教育目的"中通常用的是 aim 一词，而 aim 一般是指事物自身发展所指向的结果，表达的是事物内在的发展路向和因果联系。因此，在杜威看来，教育目的是教育自身发展运动的结果，而不是外部什么人或活动给予的。所以，他说，"我们探索教育目的时，并不要到教育过程以外去寻找一个目的，使教育服从这个目的"，"我们要做的，是要把属于教育过程内部的目的，和从教育过程以外提出的目的进行比较"。① 作为一个以建立民主主义社会为意旨的理想主义者，杜威认为教育的目的就是以教育自身的不断完善和向上生长为目的，而只有在那种不平等不均衡的社会关系中（与民主社会相对），教育才有所谓的"外在目的"，而这种目的，"并不真是他们自己的目的，而只是达到别人比较隐蔽的目的的手段"。② 由是观之，杜威不但是坚定的教育目的论者，而且对教育目的的论述，高屋建瓴，意蕴悠远。如果缺乏对教育理论与实践的清醒认识，缺乏对杜威教育思想体系的整体把握，对其教育目的观的理解就会望文生义，歪曲了杜威的本意。

教育目的在《民主主义与教育》中，居于一种中心的、统领的、灵魂性的地位，是杜威教育思想的主脉。杜威对教育目的的理解源自他对三种传统教育目的观的批判：一是教育预备说，二是教育展开说，三是教育训练说。他认为教育预备说丧

---

① ［美］约翰·杜威：《民主主义与教育》，王承绪译，人民教育出版社 2001 年版，第 111 页。

② 同上书，第 111 页。

失了儿童生长的动力，助长了犹豫不决和拖延，"以模糊不定的观念，预期青年在遥远的将来的成就自以为为将来做了准备，实际上正是他最失败的地方"。① 教育发展说是预备说的变种，它为教育设定一个遥远的终极不变的目标，让儿童通过教育一步步接近这个目标。这种为儿童设定一个完美的理想，然后通过运动实现的观点，看似合理，实际上这种"完美无缺的目标离我们很远，非我们所能及，所以，严格地说，就是达不到的"。② 形式训练说强调对各种官能如记忆、观察、判断、注意等的训练，割裂了各种能力的交互作用，割裂了各种官能与教材的联系，也割裂了与社会关系、社会背景的联系，变成一种简单机械的训练。

在对各种传统的教育目的认识及其观念批判的基础上，杜威集中阐述了他的教育思想，概括为：教育即生活，教育即生长，教育即经验的持续的改组和改造"生活"。"生长"、"经验的改组改造"既是教育内涵的阐释，也是教育目的的表达。在杜威那里教育就是儿童的生活，教育的目的就是让儿童过更好的生活；而"因为生长是生活的特征，所以教育就是不断生长；在它自身以外没有别的目的"。③ 教育的目的就是儿童持续地不断地生长，而儿童的生长，在教育过程中，就是通过经验的不断改组和改造来实现。在这里杜威已经清晰地表达了他的教育目的或说教育价值理想。

---

　　① ［美］约翰·杜威：《民主主义与教育》，王承绪译，人民教育出版社2001年版，第64页。

　　② 同上书，第66页。

　　③ 同上书，第62页。

二　教育应该有什么样的目的

（一）教育目的分析的逻辑框架

杜威在《民主主义与教育》中建立了一个逻辑分析框架即目的——良好的目的——良好的教育目的，对于教育目的及其在教育中的应用进行了深刻剖析。

首先，目的存在于活动内部并总是与活动结果相联系。目的体现于活动内部事件和环节的因果连续性，"前件事引出后件事，而后件事又接过所提供的东西，为另一个阶段所用，直到我们达到终点"。① 如果目的外在于活动，不与活动的过程或秩序相联系，目的就不能称其为目的，而是别的什么东西。他深刻批判了这种外在于教育过程的目的："如果学生的每一个行动大都由教师命令，他的许多行动的唯一顺序来自功课指定和由别人给予指示，要谈什么教育目的，就是废话。"②

其次，目的是一种可预见的结局，预示着活动过程的结果，使活动具有方向性。这种目的包含着仔细观察特定的情况，注意达到终点的手段，发现影响进程的障碍，提出恰当顺序的策略，选取可供选择的办法，所以它是在对活动进行客观、细致、全面的考察基础上提出的可行性方案或计划。

再次，目的与行动统一，目的在行动中，行动体现目的。杜威指出："有目的的行动和明智的行动是一件事。预见一个行动的重点，就是一个观察、选择以及处理对象和调动我们自己能力

---

① ［美］约翰·杜威：《民主主义与教育》，王承绪译，人民教育出版社 2001年版，第 112 页。

② 同上。

的基础。"① 外在目的是不能与现实行动相统一的，因此它会干扰甚至阻碍行动的顺利展开。

最后，杜威概括目的的定义："所谓目的，就是我们在特定情境下有所行动，能够预见不同行动所产生的不同结果，并利用预料的事情指导观察与实验。"②

在上述基础上，杜威论证了良好目的的三个标准：一是所确定的目的必须是现有情况的产物，这个目的必须以对已在进行的事情的研究为依据，还应根据所处情境的各种力量和困难；二是最初的目的不过是一个实验性的草图，需在后续的行动中根据情况的变化不断地修正；三是所定的目的必须使活动自由展开，使活动保持连续性和前后一致。根据这三个标准，杜威提出了良好教育目的的三个特征：③ 第一，一个教育目的必须根据受教育者的特定个人的固有活动和需要（包括原始的本能和获得的习惯）；第二，一个教育目的必须能转化为与受教育者的活动进行合作的方法，这个目的必须提出一种解放和组织他们的能力的所需要的环境；第三，教育者必须警惕所谓一般的和终极的教育目的"良好目的"的三个标准与"良好教育目的"的三个特征有某种逻辑的对应关系，二者的第一条基本上直接呼应，前者（良好目的）的第二条标准与后者（良好教育目的）第三个特征是一致的，均强调变化，而前者第三条标准又与后者的第二条特征是和谐的。

（二）教育目的的特征

杜威在教育目的分析的逻辑框架内详细论证了理想教育目的

---

① ［美］约翰·杜威：《民主主义与教育》，王承绪译，人民教育出版社 2001 年版，第 114 页。

② 同上书，第 115 页。

③ 同上书，第 119—120 页。

的内涵与特征，归纳如下：

1. 个体性与情境性。儿童是个体性的存在，每个人都有自己独特的知识结构：经验背景、认知特点和个性特征，教育目的应该根据受教育者个体的具体活动和需要来确定。杜威反对那种一般的抽象的教育目的，认为这种教育目的遥远而不切实际，忽视了受教育者的具体存在和教育活动的实际情境"那种千篇一律的教育目的，忽视个人的特殊能力和要求，忘记了一切知识都是在一个人特定的实践和特定地点获得知识的"。① 教育目的应既是具体的又是现实的，这样才能为儿童所理解，使儿童全身心地投入到教育过程中去。

2. 连续性与灵活性。传统的终极性、静止性的教育目的，会忽略很多教育过程的实际细节，僵硬呆板，缺少可操作性。教育活动过程是复杂和难以测度的，教育目的应是暂时的和实验性的，教育目的的提出应是一个连续的过程而不是从一而终。最初提出的教育目的只不过是一种初步的轮廓，实验的草图，随着活动的展开，如果它能成功指导活动，就不必修改，否则就必须进行修正。可见，教育目的是很灵活的，它必须随时更改以应付环境的变化并指导行动。

3. 内生性与意义性。教育目的内生于教育过程本身，使教育活动自由展开。外在目的是控制和嵌入的，是一种粗暴的干预；内生目的是顺势自然的生发，像种子在适宜的土壤、温度、湿度条件下破土而出的幼芽。教育目的是教育各种要素相互作用下必然联系的反映，它引领教育活动朝着预定的目标进行有意义的运动。有意义体现为它有助于制定进行的程序，程序又能检验、校正和发挥这个目的，在这一运动中目的赋予价值，活动见

---

① ［美］约翰·杜威：《民主主义与教育》，王承绪译，人民教育出版社 2001 年版，第 119 页。

之效率。

4. 目的与手段的统一性。杜威认为，静止固定的外部目的把手段和目的分离开来，使活动成为达到别种目的的手段，活动自身失去了应有的意义，成为外在目的的附属品，而从活动内部产生的目的始终既是目的，又是手段，目的与手段的区别，只是为了方便，每一个手段在我们没有做到以前，都是暂时的目的。"每一个目的一旦达到，就变成进一步活动的手段"。① 目的浸润于活动，活动涌现目的，活动与目的、目的与手段自然统一。反观当下教育实践中的很多教育目的或教学目标，靠外在要求规约、控制教育活动，使之被异化为目的的工具性过程，失去了教育的本原意义。

三 如何认识杜威的教育目的

杜威的教育目的观，意蕴悠远、内涵深刻，具有重要的借鉴意义；但同时毕竟也是时代的产物，是特定的历史与文化背景下对具体教育实践与问题进行反思的结果，对此应辩证地加以认识。

（一）意义与价值

首先，杜威主张，教育目的寓于教育过程与活动中，教育之外没有目的，它就是它自己的目的，教育目的就是更多、更好的教育。这类似于哲学家所说的"自成目的性"。"关注行动本身意味着从行动本身看出合目的性，即无论这一行动所指向的结果是否能够达到，这一行动本身已经足够使人幸福，或者说，这一

---

① ［美］约翰·杜威：《民主主义与教育》，王承绪译，人民教育出版社 2001年版，第 117 页。

行动必须使该行动本身成为一个有价值的结果，同时把该行动所指向的那个外在结果看做是额外收获，如果一个行动本身具有自足的价值，它就具有自成目的性。"① 所谓自成目的性，通俗地讲就是做一件事情，一种行为，它的存在本身就是目的，而不是达到另一种目的的手段，意义不是从其结果而是从其存在本身产生的。正如一个人喜欢画画，画画的目的并不是为了赚钱和出名，而是画画本身就是的一种生活，一种享受，至于他的画价值几何，他从不在乎，有人看中了他的画付他一笔钱，甚至是很高的一笔钱，这只是画画的额外收获。这种"自成目的性"可以说是目的的最高境界，也是为人行事的至上标准。事物按其自成目的的方式运行，其本质与规律才会显现，其价值才得以实现。当然，在现实中，自成目的性的事情和行为实在是不多的，因为人们无法不受到事物之外的条件的制约，甚至受到强制干预，这样事物的本来面貌往往发生改变，从而扭曲了事物固有的发展方向和目的，使事物变质或变性，从而产生矛盾和问题。审视当前的教育，人们很多对教育的期望和要求，都不是从教育本身出发而是从外在的社会功利目的出发提出的，这种强加于教育的外在目的，往往使教育本身改变性状，产生教育问题。如应试教育问题，学生课业负担过重问题，就业问题等。因此作为教育工作者，应从教育存在本身去思考问题，潜心反思和研究教育规律，在实践中按照教育规律办事，才能使教育实践在符合教育规律的敞亮大道上前行。

其次，根据儿童本身提出教育目的，是对教育目的的规律性认识。教育的对象是儿童，教育活动的目的就是促进儿童的全面健康成长，因此教育目的的制定要充分根据儿童的身心特点和发展规律为依据。杜威指出："一个教育目的必须根据受教育者的

---

① 赵汀阳：《论可能生活》，生活·读书·新知三联书店1994年版，第122页。

特定个人的固有活动和需要"，"一个教育目的必须转化为与受教育者的活动进行合作的方法"。[①] 青少年身心发展有其特有的规律性，如顺序性、阶段性、差异性、不平衡性等，同时每个人又有其特殊性，所以教育目的要避免抽象性与终极性。杜威明确提出要警惕所谓一般的和终极的教育目的，认为抽象性教育目的离儿童的具体生活遥远而不切实际，这种目的引领下的教学又成了仅仅作为准备达到和它无关的目的的一种手段。家长、教师等社会其他人员不能以自己的目的取代儿童本身的需要。杜威认为，家长、教师提出他们自己的目的，作为儿童成长的正当目标，这和农民不顾环境提出一个农事理想，同样是荒谬可笑的。当前我们的教育普遍存在以成人的目的僭越儿童自身规律与特点的现象，不顾儿童的兴趣与需要，把一些功利化诉求强加到孩子身上，造成了学习负担过重，身心畸形发展，儿童成长异化等教育问题。不管是教育行政部门，还是家长教师在提出教育目的时一定要以儿童为出发点，一切要求都要为了儿童，尊重儿童善待儿童，这是教育的一个基本价值导向。

最后，教育目的要联系生活。《民主主义与教育》第一章开宗明义：教育是生活的需要，教育来源于生活，教育为了生活，教育就是生活。生活是一个广义的概念，人类的一切行为都可以归结为生活；生活又是一个动态性概念，人类的生活不断延续，生活会不断变化与更新。生活的延续就是环境对生物需要的不断的重新适应。教育就是在人类变动不居的生活中存在着，教育的目的就是为人类谋求更好的生活。所以我们不能割裂教育与生活的联系。教育和生活的关系，正如营养和生理的关系一样。在我国教育实践中，教育偏离生活和对生活世界的遗忘几乎成了一种

---

① ［美］约翰·杜威：《民主主义与教育》，王承绪译，人民教育出版社 2001 年版，第 119—120 页。

常态，人们把教育和学校看做脱离尘世凡俗的象牙之塔，课堂里充斥着脱离生活的空虚玄妙的说辞，培养出来的则是不食人间烟火的书呆子。教育回归生活已成为当前中国教育的焦点与热点问题，从教育目的意义上，生活应成为教育目的的出发点和依据，教育就是为了更好的生活，教育目的就是教育孩子明确生活的意义与价值，教会孩子怎样生活，帮助他们获得生活的技能和本领。

杜威的教育目的富含深刻的哲理，他提出了教育的最高理想，是所有教育实践者的指路明灯，对于在教育实践中如何认识教育目的，如何制定教育目的以及如何实现教育目的都具有重要的理论指导价值。

（二）不足与局限

首先，杜威所倡导的教育"自成目的"是一种最高理想，它在理论上是自洽的，近乎一种"乌托邦"，而教育是一种社会实践活动，是具体的、现实的。杜威的教育理想舍弃了教育实践的历史性、具体性、境遇性，难以观照具体的、复杂的教育实践。目的是一种意向性概念，不是一种纯客观的存在，杜威说教育的目的是教育自身，那么我们会问教育目的的负载主体是谁呢？即教育目的是谁的教育目的呢？教育活动是人的活动，是处于具体历史中的社会性活动，教育中居先的主体是教师和学生，居后的主体就是家长、社会，这些都是教育的利益相关者并且彼此联系着，都有对教育的价值需求，也都有对教育怀抱目的。如果不整体考虑教育利益群体的相关诉求，概然的言说教育目的，不正陷入了杜威自己所说的"抽象性"、"一般性"之中吗？岂不是自相矛盾了吗？所以教育目的既关涉教育主体：学生与教师，又与社会国家有着切身的利益关系。教育目的的厘定是一项复杂系统工程，在制定教育目的时，应既立足于个人本位，又兼顾社会本位；既根据教育本身的特点规律，又要观照社会需求；既要仰望星空还要脚踏实地，毕竟教育是特定时空中现实存在的教育。

其次，杜威关于教育目的论述中也有一些可商榷之处，如关于教育即生活。"在杜威关于教育目的的论述中，有着难以克服的芥蒂，他的解释是需要修正和改进的，生活不是教的自足概念，不能用为教育目的，或用作判断教育经验的标准的。"① 生活是一个中性的概念，用不同的价值标准去衡量，就有不同的生活。什么是好的生活什么是不好的生活是难以界定的，所以生活用作教育的目的，教育也就难以界定了，所以杜威提出"教育即生活"，既开启了人们的视野，同时也留下了批判的漏洞。同样，教育即生长也是一个模棱两可的提法。生长有不同的方向和方式，生长也有好坏优劣之分，也许杜威自身所认为的生长是好的，但好与坏是一个价值判断，不同的价值标准会分别不同好坏的生长，那哪一种生长是好的呢？正如美国哲学家霍恩所指出的：不能称所有的生长都是理想的，还应为生长加上一个正当的社会标准，即好的生长。② 另外杜威所说的"目的与手段相统一"也是相对意义上的，而不是绝对的。在理想的情境下，目的就是手段，手段就是目的；但是在具体复杂的教育场景中，目的与手段对立也是必须的，这样人们才能更好地认识目的，也才能更好地利用手段。

总之，杜威以塑造民主主义社会的理想公民为旨归，从实用主义哲学认识论出发，结合教育学、心理学、社会学、过程哲学

① 滕大春：《他人的误解与自身的不足——关于杜威教育理论的批判和研究》，《教育研究与实验》1987年第4期。
② ［美］霍恩：《杜威的教育目的述评（上）》，吴志宏、马容根译，瞿葆奎：《教育学文集·教育目的》，人民教育出版社1989年版，第561页。

提出了从教育本身构建教育目的思想，辩证地讲虽存在着不足与缺陷，至今仍为人们所争论，却是提出了有关教育目的的原创性命题，需要从理论上不断地解释、理解与审思并在实践中批判地借鉴。

论美国新保守主义的
多元文化教育立场

一 美国学校课程应建基于美国文化

大多新保守主义者都赞同这样的主张，即"美国的学校课程应根植于美国的文化和历史传统，学校课程的价值取向应定位于建立一种统一的社会和道德结构，课程的基础性内容应围绕这一取向选择"。[①] 这种统一的社会和道德结构就是基于美国历史传统的主流道德价值观，在学校课程中就表现为核心知识体系。美国著名的要素主义者埃瑞克·唐纳德·赫希（Erio Donald Hirsch Jr.）就主张围绕美国的文化传统建立学校核心知识体系。他在其著名的《文化素养：每个美国人需要知道的知识》中指出，核心知识是美国人都应该知道的知识精华即文化素养。"它作为背景信息储存在学习者的意识中，能够使他们拥有足够理解能力，获取主要观念，领会其意蕴，把他们所读到的信息与内含的文本背景建立联系，而这种文本背景能赋予他们所读的内容以特殊意义。"[②] 赫希所主张的学习中具有基础意味的文化素养，即

---

① Fleteher. S. , Education and Emancipation: Theory and Practice in a New Constellation , New York: Teaches College Press, 2000 , pp. 16, 20, 22.

② Hirsch, E. D. , Cultural Literacy: What Every American needs to Know, Boston: Houghton Miffilin, 1987, pp. 2, 18.

是渗透美国主流文化及意识形态与价值观的核心知识，他所指的特殊意义就在于以这种主流价值观统领美国人的世界观，从而成为人们认识世界的文化和意识形态基础。

美国前里根政府的教育部长威廉·J. 贝内特（William J. Bennett）的表述更为露骨，他认为加强美国的民族凝聚力，防止国家政体受到外来价值观和世界观的侵蚀，美国学校课程目标应"坚定地立足于美国文化与历史"，"保持美国不被分裂甚至爆发战争，我们就要拥有统一的文化，它是公民的'黏合剂'。统一文化给我们提供了一种免疫系统，以破坏敌对文化所传播的价值与态度"。[①]赫希以及贝内特都主张美国的学校课程应主要反映美国传统文化，注重体现基于欧洲传统的美国历史，忽视其他民族和文化的影响，以此维护美国的民族利益，防止美国的政治体制受外来价值观的侵蚀，反映了他们在文化教育上的保守性。

新保守主义者基于对美国传统文化价值观的维护和对美国基本制度的高度认同，而表现出了对多元文化教育的隐忧甚至排斥，虽然他们不像在政治和外交上表现的那么极端。如赫希指出："多元文化教育确实有其自身的价值，它谆谆教诲宽容，为我们自己的传统和道德标准提供了视角。但它尽管值得称赞，却不应成为国家教育的首要对象，不得允许去取代或干涉学校确保孩子对美国历史文化掌握的责任。学校对美国文化自身适应性的职责是首要和基本的。"[②] 像赫希这样倾向于新保守主义的学者，虽然不反对多元文化教育，但认为多元文化教育应处于美国教育的次要地位，其教育内容和教学方式都应受到规范和约束，而不

---

① Bennett, W. J. , The New Devaluing of Ameriean: The Fight for our Culture and our Children, NewYork: Summit Books, 1992, pp. 194, 195.

② Hirsch, E. D. , Cultural Literacy: What Every American needs to Know, Boston: Houghto Miffilin, 1987, pp. 2, 18.

能潜越美国主流文化教育。

在美国社会多元文化教育畅行的同时出现的这种逆潮流而动的教育走向，反映了美国社会中一部分人的尴尬心态：一方面作为标榜多元与民主的美国需要多样性的教育和课程；另一方面，面对外裔儿童的发展和成就，内心确实存在着不安与躁动，所以对多元文化教育的排斥就顺理成章了。美国解放教育学者斯科特·弗莱彻（Scott Fletcher）所言："新保守主义者的教育目的无论怎样掩饰，都意在贬低或排斥公立学校课程中文化的多样性，对少数民族学生十分重要的身份问题边缘化。"①

二　多元文化教育企图使课程政治化

以对美国文化的强调和该文化在课程方面所扮演的中心角色为立论基础，新保守主义者认为，多元文化教育的倡导者非法地将教师帮助学生在社会中拥有成功未来的努力政治化了。新保守主义者最为关心的这些努力是致力于帮助学生辨别、分析和抵御系统化了的压迫形态（如种族主义），而这些努力是通过弄清个人身份和社会中存在的结构性不平等之间的关系实现的。新保守主义者在这一点上常常采取的防御立场是：尽管教师要承担"客观地"呈现美国历史（如承认美国存在过奴隶制）的责任，但是他们不应该强调种族是身份的核心要素，也不能把种族看做是导致社会中权力、地位、机会分配的结构性因素。例如，贝内特认为，尽管应该从整体上考虑美国历史，但是这种做法排除对种族在身份构成要素中所扮演的角色给予任何特别的承认，也禁止对种族社会进行批判，这些批判常常被新保守主义者视为扭

---

① Fletcher. S., *Education and Emancipation：Theory and Practice in a New Constellation*，New York：Teaches College Press，2000，p. 20.

曲美国历史而遭到排斥。他指出："我们应该坚持诚实地讲述美国及其历史……但是对那些多元文化——或更简洁地说，'以非洲为中心'——课程的鼓吹者来说，目的在于促使课程的政治化，传播文化神秘主义，扭曲美国的历史以及民族和种族思维（又称为新部落主义）至上。根据这种观点，身份窄化为种族问题，身份由种族确认。"①

新保守主义者认为，多元文化教育会使学校变成一种政治场所，因为学校允许或鼓励学生批判性地评价学校中因袭的知识形式，质疑这些"官方知识"（阿普尔）是否真正代表了社会中所有群体的利益。他们认为，现存的课程形式可能引起全体学生的争论，因为学生体验到的美国文化与教师所讲的和课本所写的大相径庭，而这也与他们的主张相抵触。正如历史教育学者，曾担任前乔治·布什政府时期的教育部长黛安·莱维奇（Diane Ravitch）指出的，成功的多元文化教育的政策应该揭示这样的问题，即哪种共同的目标是美国公立学校真正所提倡的。比如，她认为："对各种民族学研究来说，'文化相关'研究的需求将使课堂成为旷日持久的战场，论争围绕着何种民族的范式将会得到青睐，谁会从中得到益处，哪种民族研究的解释是贴切的……这种特殊主义（何者为优）的传播使得什么是美国公立教育的最佳理想陷于混乱之中。"② 莱维奇对在学校中开展的这种民族多样性的学习与研究表示了担忧，认为这样会使美国民族的主流价值观式微，使学生对美国民族的认同感降低，从而削弱美利坚民族价值观在意识形态中的地位。

---

① Bennett, W. J., *The New Devaluing of American*: *The Fight for Our Culture and Our Children*, New York: Summit Books, 1992, p. 194.

② Ravitch, D., Multiculturalism: Epluribus Plures, *American Scholar*, Vol. 3, 1990, pp. 341 – 351.

　　针对所谓的多元文化教育刻意的政治化企图，新保守主义者提出了反对建议，其共同思路是：所有课堂教学都要体现某种技术——专业的转向，以此决定学校应该讲授的内容。他们一般认为，有关课程的问题应该由"专家委员会"（committee of experts）来解决。这些专家是那些被称为学术资历深厚的教育权威，他们有资格、有能力来对学校的课程作出安排。赫希在其文章中更清晰地表达了这种观点，即文化上胜任的专家委员会应该裁决教育政策上的诸多事宜。他写道："对孩子应该学习的最重要的内容作出明智的裁决，除了受过良好教育的成年人外，我们别无选择。从国家的角度考虑，如果我们决定让孩子拥有良好的文化素养，对拥有良好文化素养应该学习的内容作出裁决，除了具有文化素养的学者集体外，我们别无选择。在做出这样的决定之后，我们需要对这些核心内容进行有效地系列开发，需要在13 年的学校教育中对其进行有效呈现。"① 所谓具有文化素养的专家，无非是受过美国传统教育的文化学者，他们所选定的课程内容无疑反映了美国的主流文化。通过假定文化上认同他们所开具的"药方"，赫希和其他新保守主义者提出的对文化教育的"修正"转移或压制了对课程内容的争论，实际上是借以压制文化的多样性，而突出他们所谓的美国主流文化。正如弗莱彻指出的："他们借助主流文化专家来限定学校的课程内容，这种策略模糊和蒙蔽了这些专家所扮演的角色。新保守主义者所提出的议题，貌似对课程一般常识的恢复和'去政治化'，而实际上只是一种错觉。"②

---

　　① Hirsch, E. D., Restoring Cultural Literacy in the Early Grades, *Educational Leadership*, 1987, pp. 69 – 70.

　　② Fletcher. S., *Education and Emancipation: Theory and Practice in a New Constellation*, New York: Teaches College Press, 2000, p. 22.

三　多元文化教育是少数民族
学生融入社会的障碍

作为对多元文化教育的回应，新保守主义者还明确提出了他们的教育实践理念，即致力于将少数民族学生同化进他们所构想的美国主流文化中。亚瑟·施勒辛格（Arthur Schlesinger）通过呈现的系列问题对此做出了概括和回应："（学校教育中）应该继续鼓励学生去追问自己的文化根源在哪，自己为之骄傲的原因何在？理解和尊重自己的文化、语言、宗教和民族起源的原因何在？但是，这样就更不适合继续鼓励学生理解美国文化了吗？这是他们生于斯、长于斯的文化，是他们行将积极投身改造的文化。公立学校难道不应该强化和保存个别民族和种族的亚文化吗？难道不应该寻求使我们的年轻人投身于共同的美国文化吗？"①

施勒辛格建议学生思考美国文化的渊源，思考（定位）自己在其中的职责。这个建议看似和多元文化教育的主要目标并不抵触。然而，他的建议更主要的意图却是同化，即同化于美国的主流文化，而且达到目标所必需的过程与多元文化教育所提出的批判和反思性教学的过程也迥然不同。事实上，通过暗示任何真正拥有"生命力"的文化不必依赖于学校教育的承认和支持，施勒辛格消解了前面引文的合理之处。公立学校担负着使孩子信服自己民族渊源的独特魅力这一使命，这听起来就有些虚伪。事实上，如果民族亚文化真正拥有生命力，孩子就会在家庭、教堂和社会生活中得到充分浸润，而不必在公立学校中"推销"人

---

①　Schlesinger, A. J., *The Disuniting of American: Reflections on a Multicultural Society*, New York: Norton, 1992, pp. 89 – 90, 7.

为的种族沙文主义。

　　基于美国主流文化居于强势地位且符合人民意愿这种认识，新保守主义者将多样性视为美国文化的缺陷，将反抗视为精神抵抗，就不足为怪了。基于一对基本假设：1）每一个人都想要分享那些统治阶层的成员已获得的社会利益；2）课堂上的成功或多或少地被视为分享了这些利益，新保守主义者认为，美国学校教育应该致力于培育再生产美国主流文化的核心价值观和信仰。无论对穷人和富人、黑人和白人、男孩和女孩而言，一般的学校实践就是克服或超越多样性，以此成为实现优质教育的有效途径，进而成为公平分配社会利益的有效方式。如贝内特就认为："面对共同的法律，分享共同的权力，承担共同的义务，因而在面对未来时，每一个美国孩子都有权要求公平。这使得接受相同的教育成为必须。过去，美国的学校已经证明，每一个孩子都有学习机会，优质教育能够超越种族、宗教、性别和收入的差异。"①

　　基于这种认识，新保守主义者认为，学校扮演着重要的"看门人"角色，是成功地进行选贤任能的重要场所。学校借机对价值与倾向进行分配并使社会上所谓的成功合法地建立在这种分配（如努力工作）之上；还借机分配成功所依靠的实际资源（如找一份好工作所需的证书）。多元文化教育的批评者称，多元文化教育误人子弟，一定程度上妨碍了学生获得某种社会利益。贝内特在其著作中曾提到过学校中美籍亚裔学生的成功的例子，它说明了新保守主义者如何运用典型少数民族的方法解释其他少数民族和移民学生的动机和行为。这些动机和行为被视为孩子在家庭和社区生活的环境中自由选择的结果。他指出："所有

---

① Bennett, W. J., *James Madison High School*: *A Curriculum for American Students*, Washington, DC: U. S. Department of Education, 1987, p. 6.

的美国人都应该向成功的美籍亚裔社区的人们学习，那里有大量的美籍亚裔孩子的成功案例。这些孩子中有许多是移民过来的，在美国的学校中接受教育。研究表明，他们在学习上胜过其他任何群体。他们成功的秘密在于，具有较高期待的亚裔父母关注孩子的成绩、作业、刻苦学习的品质和家庭观念的养成。美籍亚裔的孩子懂得，学校不是一个压制机构，而是一个学习场所；他们还懂得，美国不是一个种族社会，而是一片机遇遍地的热土。"①然而，新保守主义者将个体因素（如施勒辛格所认为的家庭、宗教和社区生活对儿童的影响）和通过公立学校共同的课程的影响割裂开来。在学校这个公共场所，种族、语言、宗教和道德的差异让位于共同的文化，这个文化为成功的学生保留了"一片机遇遍地的热土"。

四　多元文化教育培植了分裂和隔离

以批判多元文化教育阻碍了少数民族学生融入社会为出发点，新保守主义者还指责多元文化教育鼓励少数民族与主流文化决裂、创建"民族特区"（national special area），表达积怨和敌意，从而造成社会分裂。施勒辛格就积极鼓吹这种观点。他指出："现在，美国一体化的民族身份在许多领域处于风险之中，包括政界、自发组织的社区、教堂和语言领域。对这个高于一切的民族身份的拒斥，没有哪一个领域比教育更严重。……现在，民族斗争满足于公立教育的主要目标应该是保护、强化、赞扬和永存民族起源和身份。然而，隔离滋生了偏见，夸大了差异，激发了对抗。对于'多元文化主义'与'政治适切性'的争论，

---

① Bennett, W. J., *The New Devaluing of American: The Fight for Our Culture and Our Children*, New York: Summit Books, 1992, p. 195.

'欧洲中心课程'的不公正探讨以及认为民族历史和文化不是知识的学科而是提高民族自尊的'良药',这些喧嚣背后其结果就是扩大了民族和种族的冲突。"①

尽管施勒辛格的言论更多地涉及多元文化教育对公民生活的消极作用,但是他常常似乎更不满于历史和文学这样的学科已被一些人利用,或在他看来是误用。这些人的政治议题包括在大学中对学术实践的重新阐释和建构。这种不满是可以理解的,因为施勒辛格是一个学院派历史学家。他的许多观点反映了这种不满。这些观点强调历史文献作为一种手段来批判多元文化理论家的观点是站不住脚的。然而,他认为实施多元文化教育的持续的危害表现为它们削弱了公民生活的积极活力,最终,也就削弱了多元民主建立其上的公民道德的积极活力。

在警惕社会分裂以及认为多元文化教育的拥护者应该为此承担责任等方面,施勒辛格并不是孤立的。例如,莱维奇就认为,社会中此起彼伏的民族隔离运动,责任在于那些更关心少数民族学生自尊的教育者,而不是关心加强共同文化传统的课程内容的教育者。她认为,多元文化教育拥护者的一个不良倾向是,夸大了非欧洲人祖先的虚假的或华而不实的成就,损害了关注学生共同分享文化传统的教育,在她看来,这些文化传统是学生对美国社会价值观和制度应该承担的共同义务。她还认为,多元文化主义,作为特殊主义者的一个观点,将文化身份或多元性问题置于前提,淡化了自我和自我价值在民族问题中的地位,割裂了学生作为同一民族的公民应该共享的联合。她在其文章中写道:"文化多元主义的特殊主义者教育孩子们,他们的身份是由自己的'文化基因'决定的。血管里的血液或种族的记忆或文化的

---

① Schlesinger, A. J., *The Disuniting of American: Reflections on a Multicultural Society*, New York: Norton, 1992, pp. 89 - 90, 7.

DNA，决定了他们是谁和他们可能取得的成就。他们浸润其中的美国文化不是他们自己的文化，即使它们出生在美国。美国文化是‘欧洲中心主义文化’，因此它敌视所有自己的祖先不是欧洲人的人。或许特殊主义者最令人厌恶的暗示是，少数民族和少数人种不归属于美国文化。这暗示着美国文化仅仅属于白种人或欧洲人；暗示着除这些人以外的人们依靠自己种族和民族的文化，疏离了美国文化；暗示着他们归属或曾经归属的惟一的文化是他们自己祖先的文化，即使他们的家族已有几代人生活在美国。"①在莱维奇看来，多元文化主义倡导者的错误在于，在美国文化符号和资源之外寻求身份认同和培植身份意识，割裂了美国文化和其他文化的联系，更严重的是美国文化应具有的主流地位就会削弱。事实上，她认为，学校追捧文化多元主义的多元形式，这种做法反映了美国社会的开放和包容；更进一步说，这种做法助长了施勒辛格所警告的分裂或隔离的气焰。

新保守主义者极力为他们的文化教育主张辩护，甚至不惜上升到政治斗争层面，在政府中获得发言权。然而，无论采取什么手段去赢取文化教育权力，他们的文化教育观确实具有保守性和反潮流性，是现代民主社会的教育精神（如教育的自由性、开放性等）所反对的。正如弗莱彻所指出的："新保守主义者对于个体经验和文化多样性在学校教育中所扮演的角色所持有的立场，深切破坏了教育的自主性。它排除和消解了身份认同的本来面貌，而身份认同在发展学生对当下兴趣和未来规划作出明智、自愿的选择方面具有十分重要的作用。"②

---

① Ravitch, D., Multiculturalism: Epluribus Plures, *American Scholar*, Vol. 3 1990, pp. 341 - 351.

② Fletcher. S., *Education and Emancipation: Theory and Practice in a New Constellation*, New York: Teaches College Press, 2000, p. 22.

第二部分
课程理论与新课程改革

校本课程开发的文化思考

教育文化学家斯普朗格说过，教育是一种文化过程，而居于教育核心的课程则是这一文化过程的主要载体。当前我国正在推行国家课程、地方课程、学校课程三级课程管理模式的基础教育课程改革，其中的校本课程开发成为这一次课改的新亮点。本文试图通过文化的视角，从课程的文化性分析入手，探析推动校本课程开发的文化动因，校本课程开发过程中的文化开发价值，从而揭示校本课程开发应有的文化意蕴。

一 课程的文化属性

文化一般可归纳为广义的文化和狭义的文化，广义的文化是指人类物质产品和精神产品的总和，狭义的文化是指精神产品即社会的思想道德、科技、教育、艺术、文学、宗教、传统习俗等及其制度的复合体，本文取后者之意。课程与文化有密切的联系，它起源于文化传承的需要，在这一需要过程中实现了课程文化主体性的存在。

第一，作为文化传承载体的课程。人类社会的延续，某种意义上讲就是文化演进、创生的结果，教育产生后，尤其是课程出现后，作为传承文化的载体课程就担负起了责无旁贷的神圣使命。它在教育领域内传递人们的认识和实践成果、价值观念以及人们的审美情趣、道德规范、传统习俗等人类文化特质。这些人类文化精粹经由课程进行精约化、系统性的编制和组织后以一种科学有效的方式传递给受教育者，使得这一过程极具精约性和速成性，在短时间内实现受教育者的文化内化。课程作为文化传承的载体，在传递文化的过程中并不是简单的机械复制，成为文化的"传声筒"，而是对其进行筛选、提炼、加工、改造以崭新的形式展现出来，是对文化的选择和再造。因此，从根本上说，课程问题就是文化选择问题。人类积累的文化浩繁庞杂，课程必须从中提炼出精华。它们是人们生产、生活中最必须最基本的文化，是具有普适性、发生性的文化，是维系人类发展的基本精神要素。在对这些文化精粹进行选择和再造的过程中，由于受课程设计者的个人经验、知识思想观念、价值取向以及爱好情趣，尤其是其哲学思想的影响，从而繁衍出新的文化意义，实现文化的增值。

第二，从课程作为文化传承的载体来看，它无疑是一种工具性存在，但由于课程在传承文化过程中能动的选择性和创生性，故不能把课程视为文化工具主义的存在，这应当也是课程作为文化的应有之意。将课程作为文化仅仅从文化传承这一层面来考察是远远不够的，更深一层的逻辑应当是课程在传承文化的过程中，无时无刻不在构建自己的文化品位，形成自己的文化特色，维系自身的文化主体性存在，即形成课程文化。

课程理论、课程政策、课程体制、课程设计、课程标准、课程内容、课程组织、课程实施等构建了一个完整的课程体系，形成了独特的课程文化。作为一种文化主体性存在，课程文化的品性与社会其他文化的品性具有质的区别，它有独特的逻辑、范畴、功能、旨趣与价值取向。首先，课程文化是强调文化关怀价值涉入的，而非文化无涉价值中立的，课程设计者在设计课程时无不体现社会显明的文化方向和价值取向（在阶级社会里首先体现统治阶级的主流意识形态文化），表面看来毫无感情色彩的知识、经验等课程内容却蕴含了丰富的思想和情感，小小的数字、文字承载了人们复杂多样的价值追求。其次，课程文化与社会其他文化现象是互动的，彼此影响和渗透的。社会文化赋予了课程的文化意义，推动了课程文化的演化、发展，反过来，课程文化也影响和塑造着社会文化，促进了社会文化的繁荣和进步。最后，课程文化是教育学化了的文化，课程文化的构建要体现教育目标的要求，而教育活动有其特有的对象、目标、过程、内容，课程文化就是在教育活动过程中彰显自己的主体性存在。

二　校本课程开发的文化动因

课程是一种观念形态的文化，随社会文化的发展而变迁，尤其是一定社会的文化观，直接影响课程政策的制订，课程内容的选择，课程组织实施的方式，课程的评价等。我国正在推行国家课程、地方课程、学校课程三级管理模式的基础教育课程改革，尤其是其中的校本课程开发，从某种意义上讲就是社会文化的变迁在课程领域的体现，是推动课程改革的内部动因。

第一，社会文化从一元到多元。文化属于上层建筑，而上层建筑的变动取决于经济基础。纵观中华民族的发展史，我们经历了奴隶社会、封建社会的小农经济，到半殖民地半封建会的经济形态，再到计划经济，虽然经济形态本质不同、形式各异，但对文化的影响都有一个共同特征，就是造成了文化的单一性和封闭性。当代中国正在建设社会主义市场经济，完成计划经济向市场经济的社会转型，作为上层建筑的文化也要相应地进行"文化变迁"实现文化转型，即由文化一元到文化多元。传统社会的单一文化，使得人们的文化视野狭窄，思想封闭保守，对复杂多样的文化持拒斥态度。现代社会提倡多元文化，人们的文化观、价值观由封闭和保守走向开放和包容，人们一面吸取传统文化的精髓，又大胆接纳现代文化，呈现出中西合璧的文化整合状态。文化样态上呈现出主流文化与亚文化、传统文化与现代文化、本土文化与外域文化、高雅文化与通俗文化等并存的多元文化现象。多元文化现象的存在，也是人们多元价值追求的结果，社会转型时期，社会阶层构成越来越复杂，存在不同的利益群体，他们有各自的价值追求和文化渴望，希望通过各种途径满足自己的文化需要，而担负传承人类文化使命的课程应进行全方位的改革才能满足人们的文化需要，所以多元文化的存在就成为推动课程改革的内在动因。

第二，校本课程开发是多元文化下的必然选择。校本课程的开发，表面上是课程决策者对课程权力的下放，其背后却是人类文化的不断繁荣与进步对课程改革的推动。目前全球性的校本课程开发运动，是多元文化背景下做出的必然选择。多元文化时代，不同阶层和利益群体有不同的文化需要和价值追求，他们要求在社会公平的基础上实现文化共享。年轻一代来自不同的区域，不同的家庭，有着不同的文化背景及教育追求的目标，而作为教育核心的课程，单一集权型的国家课程显然已不能适应教育发展的需要，开发适合学生不同文化需求的校本课程已成当务之急，这也正是多元时代呼唤地方及学校特色的多元课程和多样化、个性的教学方式的需要。校本课程的概念解释，目前课程理论界对其表述各异，但概括一点，它蕴含了一个基本文化理念：所有学生都应有一个平等的学习机会，都有满足自身文化需要和个性发展的权力。作为校本课程开发的主体——教师，以及参与者——校外专家，教育行政人员、家长等正是多元文化的代言人，他们共同参与校本课程的开发过程，开发出多元文化视野的课程，满足青少年个性发展的需要。

第三，校本课程开发是多元文化社会青少年身心发展的需要。我们所处的时代是文化多元、知识爆炸的时代，信息技术飞速发展，科技革命日新月异，为青少年提供了广阔的发展空间，同时也提出了更高的要求。他们必须接受多元文化的熏陶，学习全方位的知识，学会认知，学会做事，学会合作，学会生存，把自己塑造成一个适应现代社会发展、迎接未来挑战的新型人才。在认知方面，不只是掌握基础知识、基本技能，更重要的是对各种信息作出价值判断，进行选择，并对自己的认知行为进行反思。在价值观形成方面，由单一转向多元，通过外在价值观的多元与冲突转化为内部选择、综合，最终形成个人价值观体系。在社会生活方面，学会合作，善于处理人际关系，生活独立，培养自理自主能力。现代社会对青少年身心发展的新要求，需要通过恰当的课程形式对其进行灌输和培养，而单靠单一的课程模式不能适应青少年不同层次的发展需要。另外，我国是一个经济、文化发展不平衡的国家，传统与现代并存，愚昧与文明共生，各地区各民族文化差异极大，这造就了年轻一代身心发展的不同文化土壤和生长起点，整齐划一课程形态和课程内容显然不适应这一状况，开发出符合本地本校特色的校本课程，满足青少年不同层次的发展需要成为教育发展的内在要求。在开发校本课程过程中，要充分关注青少年的多元文化需要，体现时代特色，精选课程内容，面向人才培养多样化、层次性。

三　校本课程开发：一种文化开发

从文化生态学意义上说，校本课程开发是一种文化开发，它通过具有不同文化背景的人的广泛参与，对社会多元文化进行整合，并以学校课程资源为依托，开发出独特的校本课程。

第一，构建校园文化。校园文化是学校师生通过教育教学活动所创造和形成的精神财富氛围以及承载这些精神财富，文化氛围的活动形式和物质形态，包括观念形态层、制度层和物化层三个层次。通常理解的校园文化，是指学校这一独特的社会场所相对于其他社会场所如工厂、企业、机关、军队等而言所具有的文化，对整个学校系统来讲具有一般意义。而校本课程开发对校园文化的建构是针对个别学校而言的，它立足于校园个性文化。作为一种课程研制开发的流程，校本课程不断完善的过程，它对校园文化的开发是全方位、系统性的。其对象不应仅局限于课程文本，而是整个学校文化空间，既包括非成文的体现学校传统、舆论、风气、习惯等的观念形态，也包括成文的规范教育教学工作的规章制度和学校的物理环境因素等。校本课堂不仅局限于教室而且是整个学校，形成对整个学校的文化辐射。在校本课程开发中要综合和运用学校课程资源，对学校软环境和硬环境进行系统开发，使学校的每一文化要素都成为开发的对象，课程形式要显性课程与隐性课程并重，既有经过系统研制、编订的校本课程，又有隐形的经过精心设计和布置的课程环境，使学校成为校本课程实施的大课堂。校本课程开发是以实现校本化目标为前提的，而校本化目标是学校根据自身特色和本校学生文化背景和实际需要提出来的，它立足于学生的教育环境和生活环境与学校的文化特色，目标本身就是学校文化特色的体现。如"培养科学家"、"使学生有所长"、"全面发展，人文见长"、"一切为了培养站直了的现代中国人"等都反映了所在学校的文化传统和教育哲学。这些目标反过来又统领学校的文化建设，使学校的个性文化体现校本课程目标。

第二，推动社区文化建设。所谓社区文化指的是生活或工作在同一区域的人们，养成了极为类似或统一的社会心态，同一的价值取向、思维方式、行为模式以及风俗习惯。它是一种地方性（区域性）文化。社区文化与学校文化是双向互动的，社区文化对学校文化具有潜移默化的影响，学校文化对社区文化又具有推动作用，由于本文主旨所限，我们只探讨后者。过去，在集权型单一课程体制下，学校被动地执行课程政策，缺乏自主性，学校教育对社区文化影响微乎其微。现在课程权力的下放，校本课程的实施，使得学校教育对社区文化的影响日臻加强，越来越显示出对社区文化的巨大推动作用。首先，校本课程开发把权力交给一线教师，他们大都生活在社区文化氛围中，形成本社区特有的价值取向、思维方式、行为模式。在研制开发校本课程中不可避免地要把这些文化要素嵌入到校本课程中，并对其进行梳理、矫正、净化、改造，进一步开发社区文化，推动社区文化发展。其次，校本课程在实施过程中，充分参与社区文化的建设，把校本课程开拓到社区空间。由于校本课程具有极强的灵活性，其实施不应仅局限于学校围墙内，而且要积极、主动地配合社区内的各种教育基地、教育力量、社会文化机构（设施），对社区实施文化影响。最后，学生把在校本课程实施中接受的文化影响带到家庭、社会，也会对社区文化产生一定的影响。

第三，为区域现代化服务。实现现代化是当前我国的发展目标，出于我国是一个地域广阔、民族众多、经济文化发展不平衡的国家，实现现代化目标不能一刀切搞平均主义，而是因地制宜，因地而异实现区域现代化。学校反映区域现代化的进程，是让学生更客观地了解本区域的历史和发展趋势，正确认识本区域的长处与不足，更好地为自己定位，为区域现代化建设服务，亦可增强学生热爱家乡、建设家乡的积极情感。校本课程对区域现代化的促进作用首先体现在观念上。现代化首先是观念现代化，开发校本课程应该结合区域的实际特点，帮助学生树立正确的观念，以发展的眼光洞悉本地区发展时机，正视其不足，以积极姿态对待困难，努力寻找发展点，以现代人勇敢、乐观、豪迈的气概面对自己所处的区域环境，培养主人翁责任感。其次，校本课程内容要反映区域的本土知识。本土知识是由本区域人民在长期生活和发展过程中自主生产引用和传递的知识体系，是一笔可贵的文化资源。实现本区域现代化离不开本土知识，它是实现区域现代化的生长点，是连接过去、现在和未来的知识纽带。校本课程开发应精选本土的历史文化、文明礼仪、生产技能、风物知识等编制成课程施之于学生，为实现区域现代化打下基础。再次，校本课程在实施过程中要与本区域的现代化生产相联系。学生既要获得必要的知识经验，又要走出课堂进行现代化生产实践，在实践中思考探索如何将本土知识运用于现代化生产，创造适合于区域特色的现代化生产方式。

无限风光在险峰：新课程改革的理性审思

发端于 21 世纪初的我国新一轮基础教育课程改革至今已跨过了十个年头。十年的课改历程，在取得显著成就的同时，也暴露出一些矛盾和问题，需要进行阶段性的总结和反思。本文力求秉持客观和公允的态度对新课改十年来的有关问题进行反思，并针对某些观点发表个人的一些浅见，以求教于方家。

一　新课程改革的学术争鸣

与新课改十年艰难历程相伴的是持续的理论争鸣与博弈。有学者对新课改学术问题的商榷和对话进行梳理，认为产生较大和一定影响的讨论共有以下四次：①

第一次是 2004 年 7 月北京师范大学王策三先生在《北京大学教育评论》发表《认真对待"轻视知识"的教育思潮——再评由"应试教育"向素质教育转轨提法的讨论》一文，认为在新课改过程中要认真对待"轻视知识"的教育思潮，指出"轻视知识"的教育思潮在理论上是失误的，在实践上是行不通的，

---

① 纪德奎：《新课改十年：争鸣与反思》，《课程·教材·教法》2011 年第 3 期。

它干扰教育，干扰课程改革，必须坚决予以纠正。[①] 同年 10 月，《全球教育展望》发表钟启泉教授的《发霉的奶酪——〈认真对待"轻视知识"的教育思潮〉读后感》一文，围绕着教育价值观、知识教育观、继承与借鉴、追求理想与面对现实四个方面，对新课改的理念进行了澄清。[②]

　　第二次是 2005 年 5 月 18 日，西南大学靳玉乐教授等在《中国教育报》撰文，表明不赞同以理论的多元性来模糊新课程的理论基础，要旗帜鲜明地明确新课改的理论基础，坚定不移地以马克思主义作为新课改的指导思想和理论基础。[③] 同年 8 月 13 日，深圳大学的高天明教授也在《中国教育报》撰文，认为必须在认识、文化和社会三个维度上去建构课程理论，马克思的认识论基础不是课程理论所要讲的直接的理论基础。[④] 广西右江民族医学院的王华生更进一步指出：新课改应坚持马克思主义一元论为指导思想和多样化理论相结合的原则。[⑤] 而渤海大学的崔国富则认为，新课改的理论基础问题，并不是具体的课程理论本身的问题，实质上它是深层次的教育思想观念问题。换言之，并不是课程改革设计方案所依据的课程理论不清晰、不明确，而是我们的教育基础理论模糊不清，教育思想观念的改革还不到位。[⑥]

---

　　① 王策三：《认真对待"轻视知识"的教育思潮——再评由"应试教育"向素质教育转轨提法的讨论》，《北京大学教育评论》2004 年第 7 期。

　　② 钟启泉：《发霉的奶酪——〈认真对待"轻视知识"的教育思潮〉读后感》，《全球教育展望》2004 年第 10 期。

　　③ 靳玉乐、艾兴：《新课改改革的理论基础是什么》，《中国教育报》2005 年 5 月 28 日。

　　④ 高天明：《新课改改革的理论基础究竟是什么》，《中国教育报》2005 年 8 月 13 日。

　　⑤ 王华生：《新课改的理论基础是什么》，《中国教育报》2005 年 9 月 17 日。

　　⑥ 崔国富：《新课改理论基础究竟是什么》，《中国教育报》2005 年 10 月 22 日。

第三次是 2008 年 7 月，王策三先生在《课程·教材·教法》发表《"新课改理念""概念重建运动"与凯洛夫教育学》一文，认为凯洛夫教育学反映了现代学校的基本规定性，提供了操作性较强的教育实践规范，其本身虽有局限和缺陷并时过境迁，但所具有的基本合理性至今仍有意义。新课程理念对现代学校教育局限性的忧虑和改革设想，有一定思想启发性和积极成分，但它矫枉过正，本质上不符合现代学校教育的基本规律，其思想驳杂缺乏实践操作性，不能指导课程改革。① 针对这一观点，钟启泉教授于 2009 年 1 月在《全球教育展望》发表《凯洛夫教育学批判——兼评"凯洛夫教育学情结"》一文进行回应，指出早在 20 世纪 50 年代末，苏联教育界就已彻底超越凯洛夫教育学。在我国改革开放三十年后的今天，重新捡起"学习凯洛夫教育学"的口号不仅没有任何积极意义，而且是一种历史的倒退。②

第四次是 2010 年 1 月，北京师范大学郭华教授在《课程·教材·教法》发表《新课改与"穿新鞋走老路"》一文，指出新一轮基础教育课程改革的实施状况被许多人概括为"穿新鞋走老路"，出现这种情况不是因为政府不作为、学者不关注，也不是因为教师不合格、不努力，而正是广大师生对某些片面和偏激的所谓"新课改理念"的自发纠偏，是学校教育规律发挥积极作用的实践体现。③ 同年 8 月《全球教育展望》发表皖西学院陈尚达的文章《应理性审视新课改下的"穿新鞋走

①　王策三：《"新课改理念""概念重建运动"与凯洛夫教育学》，《课程·教材·教法》2008 年第 7 期。

②　钟启泉：《凯洛夫教育学批判——兼评"凯洛夫教育学情结"》，《全球教育展望》2009 年第 1 期。

③　郭华：《新课改与"穿新鞋走老路"》，《课程·教材·教法》2010 年第 1 期。

老路"现象——兼与〈新课改与"穿新鞋走老路"〉一文商榷》，提出我国基础教育课程改革出现"穿新鞋走老路"现象，对此要"具体问题具体分析"。学校教育面向全体学生快速而有效地传授人类历史文化，但是这种快速有效并非轻而易举，教育必然要谋求个体发展需要与社会发展需要的整合，制度化教育自然要贯彻"以人为本"的科学发展观。新课改要尊重教师的历史教学经验，追求教师教学的"自否定"精神的生长。①

新课改十年来，众多学者以这几次大的争论为主线，围绕着新课程指导思想、新课改理念以及理论基础、课程目标、课程实施、课程评价等各个方面进行了持续的争鸣与探讨，至今仍余音不断。而存争鸣作者仅列举了钟、王二位专家的争论和程少堂以第三方立场对新课改所进行的正反两方面的评论，远没有涵盖新课改以来争鸣的全部，就以"总揽"的名义得出结论："我国基础教育课程改革的效果是不好的，大方向是有问题的"②，这难免使新课程改革的争鸣以偏概全、挂一漏万，以此作出的对新课改方向的判断也显得有些轻率与肤浅。同时，这些争论是各方基于自身立场，对新课改的理念及实践进行的学术争鸣，而不是对"基础教育课程改革的评价"，因为课程评价是一种系统的、科学的、规范化的活动，它是依据一定的评价标准，通过系统地收集有关信息，采用各种定性、定量的方法，对课程的计划、实施及结果等有关问题作出价值判断并寻求改进途径的一种活动。以学术争鸣僭越课程评价，缺

---

①　陈尚达：《应理性审视新课改下的"穿新鞋走老路"现象——兼与〈新课改与"穿新鞋走老路"〉一文商榷》，《全球教育展望》2010 年第 8 期。

②　邢红军：《中国基础教育课程改革：方向迷失的危险之旅》，《教育科学研究》2011 年第 4 期。

少学理规范和依据。新课改中的争鸣本质上反映了人们对我国教育现状的不同判断，对教育矛盾的不同认识。人们一方面寄希望于新课改能消解教育中的矛盾和问题，提升教育的质量；另一方面确实存在着对新课改改什么、如何改等问题的不同理解；在学校的改革实践中由于固有的传统习惯，一些学校和教师出现困惑、迷茫甚至阻抗也是情理之中的事情。任何一次改革都不会一帆风顺，更不会十全十美，总会遇到阻抗；并且改革总是要除旧布新，难免具有自身的不成熟性，需要不断的纠偏，但不是否定，而是为了更好的改革。对新课改方向正确与否的判断不能仅凭理论上的歧见和现实中的阻隔，而应立足于教育发展的现状，追问其是否适切中国的教育实际，是否有利于解决教育实践中的矛盾与问题，探寻其之所以推行的实践动因，而不能仅凭表面上的一些不尽如人意之处，就简单否定，这难免有失公允。

二　新课程改革的实践动因与理论

基础新课改学术争鸣的焦点之一是关于新课改的理论基础问题，这一争鸣形成三种主要观点，可概括为一元论、多元论和模糊论。一元论认为我国课程改革的指导思想和理论基础是马克思主义（靳玉乐等），应从马克思主义原理中寻找新课程改革的理论基础，如马克思主义认识论、马克思主义关于人的全面发展学说。多元论认为课程改革理论要"多元性博采众长、避免狭窄"，要"眼界宽广、高瞻远瞩"，吸收一切先进的理论以为改革实践服务。[①] 模糊论认为我国课程改革的理论"含混不清"，

---

　　① 马福迎：《对〈靳文〉有些观点，不敢苟同》，《中国教育报》2005 年 8 月 13 日。

难以明确，认为新课程改革"实际上反映着两种教育思想观念——培养塑造人与引导生成人——的激烈碰撞。在这两种截然不同的教育观指导下，新课程改革的指导思想和理论基础必然暴露出模糊的问题"。① 关于新课程改革的理论基础问题的学术探讨，至今仍众说纷纭、莫衷一是。无论是一元论还是多元论抑或模糊论，姑且不论何者更合理（实际上都有其合理性也都存在局限性），人们似乎忽略了一个更具前提性的问题，即新课程改革中理论与实践的因果关系问题。有关新课改理论基础的探讨似乎给人一种印象，即理论才是诱发新课改实践之动因，进而以某种理论为基础，来指导课程改革的实践。实际上，实践的变革更多的是源于实践中的弊病与问题，而非理论的启发。正如有学者指出的："'危机引发改革，改革产生困惑'，这是诸多国家发展的通则，课程改革也是这样，它不是某些人的心血来潮，是危机引发了改革：因为存在课程危机我们才策划改革。"② 我国此轮新课程改革的动因就是源自于我国教育实践中面临的矛盾与问题，新课改理念也是针对教育实践中的问题而进行的反思，而非某种理论的推动。

世纪之交，我国人才培养和教育实践面临的问题是，一方面世界正进入知识经济和全球化时代，国际之间的竞争加剧，而人才是在国际竞争处于优势的保障，我国参与世界竞争的人才短板是缺乏具备现代素养尤其缺乏具有实践意识和创造精神的现代化人才；另一方面，我国的基础教育存在着诸多问题，掣肘着人的成长和发展，如有学者作了这样沉重的描述：中国的教育危机是全面而深重的，不只是某一方面的问题。……提倡奴化的教育

---

① 崔国富：《课程改革中，两种教育观应有正确的选择》，《中国教育报》2005年10月22日。

② 钟启泉：《中国课程改革：挑战与反思》，《比较教育研究》2005年第12期。

观，浸透着无所不在的工具意识，以及植入骨髓的动物式的实用主义……教材编写的陈旧因循，不能反映人们急需的最新成果和人类进步的观念……教学方式呆板无趣，填鸭和满堂灌无所不在，窒息学生的创造力，培养听话的木偶……教育的体系在横的方面与纵的方面不配套，导致教育畸形，人人争过"高考独木桥"，进而造成了一方面人才奇缺，另一方面人才浪费的双重景观，等等。① 新课改对我国基础教育课程的现状与问题也作出了如下判断，即课程功能"过于注重知识传授的倾向"；课程结构"过于强调学科本位科目过多和缺乏整合的现状"；课程内容"繁、难、偏、旧和过于注重书本知识的现状"；课程实施"过于强调接受学习、死记硬背、机械式训练的现状"；课程评价"过分强调甄别和选拔的功能"；课程管理"过于集中的状况"等。② 正是基础教育实践中存在的种种危机与问题，促使我们进行课程改革，改革的理念也是源发于对教育实践中的困境与问题的反思。作为从国家层面发动的自上而下的变革，新一轮基础教育课程改革有国家的大政方针、各种教育法律法规以及教育政策和文件，它们在总体上构成了我国新课程改革的指导思想和精神，是新课程改革的行动指南。以国家教育改革的基本精神为指导，本着服务于解决教育实践中的矛盾与问题，新课改以一种开放和包容的"国际视野"，博采众长，吸取国际和国内的先进理论，尤其是西方发达国家的先进理念，如建构主义、后现代主义、实用主义、多元智能理论等，形成服务于课程改革的新理念。各种理论尤其是教育理论或课程理论应以国家课程改革的基本精神为依据，对课程改革的实践进行检视，为新课程改革实践

---

① 冉云飞：《沉疴——中国教育的危机与批判》，南方出版社1999年版，第5—6页。

② 《基础教育课程改革纲要（试行）》，《中国教育报》2001年7月27日。

提供智力支持和理性参照。因此，理论对于新课程改革的价值不在于它为新课改提供什么基础，不能简单地将某些理论作为新课程改革的指导理论，更不能将某一理论独于一尊，使其成为新课改的唯一指导理论。当然，借鉴国外先进理论不是照搬照抄，也不是将某一理论封为至尊，而是批判地吸收，合理地扬弃，因为世界上本来就没有十全十美的理论。目前，国内批评新课程理念的·些观点往往陷于片面化和绝对化，认为新课程理念以某一理论为基础，或以某种理论为指导。如，有作者认为基础教育新课程改革的指导理论是建构主义理论，但查阅国家有关新课程改革的政策与文件，以及有关学者和专家的文章，从没有人将建构主义理论作为本次课程改革的指导理论，更没有人将建构主义理论作为唯一的指导理论。就建构主义理论本身而言，其中的一些观点确实有其先进性，尤其对中国的基础教育实践具有借鉴意义，如教学中的对话、互动、自主建构等。从个体获得知识的方式来看，外在的知识只有经过学习者的主动构建才能生成属于个体的自我知识，仅靠灌输和记诵所掌握的知识仍属于外在知识，是纳入不到个体自身的知识系统之中的。当牛顿看到苹果掉在地上的时候，只有结合他的知识经验进行主动的自我建构，才会生成万有引力定律这种知识，而如果只是记诵和复述表面事实（这也是一种知识），就发现不了苹果落地这一现象背后所隐藏的万有引力这一真知。课堂教学中知识的传授就是教师对知识的复述，如果学生不去主动建构，就只能停留在简单记诵这种学习的表面，学生无从掌握真正属于自己的知识。

三　新课程改革的教学方式

教学方式的变革是在新课程理念引领下课堂教学模式改革的重要内容。为了引导学生主动地、创造性地、富有个性地学习，新课改引入了对话、合作、自主、探究、发现和活动等多样化的教学方式。这些教学方式对于"改变课程实施过于强调接受学习'死记硬背'机械训练的现状，倡导学生主动参与'乐于探究'勤于动手，培养学生搜集和处理信息的能力、分析和解决问题的能力以及交流与合作的能力"① 具有重要价值。在新课改的课堂教学实践中，有很多教师通过采用这些新的教学方式，提高学生的学习兴趣，活跃课堂气氛，培养学生的合作能力、动手能力、探究能力，提升了课堂教学的品质。新课改中教学方式的变革，综合吸取了各种科学的理论以及发达国家课堂教学的先进经验，同时在采用新的教学方式的过程中，也并非忽视知识的传授和教师的讲授，而是将知识传授与各种学习方式结合起来，改变过去仅仅注重知识传授的弊端，并不像有人所描绘的那样："建构主义理论的影响不仅表现为忽视知识基础的倾向，而且进一步表现为忽视知识传授、反对教师讲授的倾向。"② 实际上，新课改理念中并无忽视知识的倾向，而是提出了如何认识知识和怎样学习知识的新的知识观和学习观，是对传统知识观和学习观的扬弃。

新课程改革实践中出现的教学方式多样化的景观，是与素质教育和促进学生的全面发展相适应的。新课程标准一改过去过分注重知识与技能（双基）的"教学大纲"，而是注重学生综合素质的发展，尤其是创新精神和实践能力的培养，而多样化的教学方式正是新课标在课堂教学中的践行，即在知识教学的同时，注重过程与方法，如让学生通过自己的思考、观察、探索、操作和质疑等方式获取知识；在教学中激发学生的兴趣和想象力，促进

---

① 《基础教育课程改革纲要（试行）》，《中国教育报》2001 年 7 月 27 日。

② 邢红军：《中国基础教育课程改革：方向迷失的危险之旅》，《教育科学研究》2011 年第 4 期。

学生愉悦的情绪生活和积极的情感体验；通过教学培育学生健康的道德生活和高尚人格养成等。这种对学生全面素质的养成教育，是传统的"知识本位"、"学科本位"的课堂教学方式所难以想象的，也是难以企及的。

　　探究学习作为新课改中推行的重要学习方式，像发现学习、自主学习、问题学习一样，对于培养学生的创造力、想象力以及独立思考能力和批判精神具有重要价值。基础教育的基础是什么？知识基础固然重要，但更重要的是促进学生未来发展的兴趣、激情、想象力和好奇心，而这正是中国学生所缺乏的。我们来看美国纽约一所名校——实行幼儿园到 12 年级一贯制的亨特学院（Hunter College）附属学校初等教育阶段的课程设置内容和目标：　"在幼儿园和小学教育阶段，该校课程就分为核心（Core）课程和专门（specials）课程。幼儿园阶段教育的核心课程强调幼儿对事物联系的分类和识别，并引入问题解决观念；小学 1—3 年级强调区分不同学生的才艺，给予个别化指导，并开发语言能力；4—6 年级开发学生的研究和动手实验能力，使之能够成为独立的研究者。最能体现其教育价值取向的是专门课程，包括：视觉艺术、工作室艺术、外语、数学实验室、音乐、体育、科学、图书馆、棋艺、文化（多元）艺术、计算机与技术等，其中绝大部分都属于'艺术'范畴，工作室艺术提供用于泥塑和木工等的各种材料，常年供学生自由制作和创作。换言之，想象力、审美情趣和兴趣培养为该阶段教育的重要特色，与此同时，也尤为关注孩子的问题自我探究和解决能力、自己动手设计能力。"① 可见，在美国基础教育起始阶段就注重儿童的兴趣、想象力、自由精神、科学探究、反思批判和审美情趣等素质

━━━━━━━━━━━━━━━

　　① 阎光才：《关于创造力、创新与体制化的教育——兼析中美阶段性教育制度设计理念的差异》，《教育学报》2011 年第 1 期。

的培养和训练，而这些正是创造性人才所应有的品质，这也正是学生从小就应打下的重要基础。

传统的接受式的教学方式，注重教学内容的单向灌输，忽视学生的探究和发现，教师成为复制知识的机器，学生成为接受知识的容器；教师填鸭式地灌输，学生机械地死记硬背，这种教学方式泯灭了学生的想象、幻想、创造和个性。正如有人对此所指出的：学校教育"究竟之于学生的创造力培养能有多大贡献，迄今我们不得而知。……学校教育往往趋向于妨碍人的诸如好奇心、原创力、想象力和独创精神的养成"。① 再加上教学形式的刻板规训、强制灌输、隐形或显形的教育歧视（排名次、划等级、差生），这种教育教学对孩子的激情、想象力、自由与创造性具有何等负面的影响。新课程中的科学探究活动其目的正是培养孩子的想象力、创造力、探究能力、批判能力等创造性素质，而非仅仅获得知识。发现知识已经不是科学探究活动的主要目标，有研究者以"重演论"来类比科学探究学习，认为科学探究学习是像科学家发现知识那样在重演一遍知识的发现过程，颠倒了探究活动的主要旨趣，是对科学探究学习的误读和偏见。同时，我国传统的以习题为核心、搞"题海战术"的训练形式，是导致学生创造力缺乏的重要原因，这也正是新课改所要摒弃和变革的，对此，新课改明确提出改变这种机械训练的现状，倡导学生主动参与、乐于探究、勤于动手等新的训练方式。

四　新课程改革的课程内容

新课程改革确立了"三维目标"的课程目标体系，这是促

---

① Kaoru Yamamoto, Creativity and Higher Education: A Review , *Higher Education*. 1975, Vol. 4.

进学生全面发展、推进素质教育的重要体现。传统的"学科本位"、"知识本位"的课堂教学只关注了知识与技能的训练（双基），而忽视过程与方法、情感态度与价值观，更遑论创新意识和实践能力的培养。"这种教学在强化知识、技能的同时，从根本上失去了对人生命存在及其发展的整体关怀，从而使学生成为被'肢解'的人，甚至被窒息的人。"①

毋庸讳言，课程内容是以知识为载体的，但如何认识知识以及怎样学习知识，即应树立怎样的知识观和学习观，却决定着课程内容的选择进而影响着课程实施的走向。改革传统的、陈旧的知识观和学习观也是本轮新课改的重要内容。在传统的"教学认识论"视野中，知识就是科学知识，是已成定论的所谓"人类认识的成果"。② 有作者也将科学知识和科学方法作为此次课改课程内容最基本的构成要素。这种将知识理解为科学知识的"科学主义知识观"是一种僵化的知识认识论，正如有学者所指出的：这种知识观"把知识理解为一种有关宇宙万物确定性终结性的规律规则，并由此把知识理解为对宇宙万物运动变化的确定性解释"；"如此这般，势必会遮蔽别样的知识和知识观"。③人类的知识浩如烟海、种类繁杂，科学知识只是知识大家族中的一员，从知识的类型来说，有个体性的知识、社会性的知识，有显性的知识、隐性的知识，有陈述性知识、程序性知识和策略性知识。当代众多思想家所开掘出的新的知识类型更是蔚为壮观："舍勒的'获救型知识'和'本质—教养型知识'，哈贝马斯的'实践的知识'和'解放的知识'，波兰尼的'个人知识'和

---

① 余文森：《新课程教学改革的成绩与问题反思》，《课程·教材·教法》2005年第5期。

② 王策三：《认真对待"轻视知识"的教育思潮》，《北京大学教育评论》2004年第7期。

③ 余小茅：《还有比知识更重要的……》，《全球教育展望》2005年第3期。

'缄默知识'，阿基里斯的'行动中的知识'和'声称的知识'，葛尔茨的'本土知识'，利奥塔的'叙事知识'……"[①]　人类如此丰富的知识类型虽不能都作为课程知识，但至少为选择课程知识提供了选项，我们不能因为"科学知识"的一叶障目而看不到人类如此丰富的知识之林。

"科学主义"知识观认为知识是客观的、确定的，是对客观世界的"镜式"反映。事实上，从知识的产生机制来说，一切知识都是属人的知识，是人的主观认识作用于客观世界的结果，而人总是处于一定的文化境遇中，带有自身的历史传统、个体经验、认知方式、价值立场，所以一切知识都是文化性的、价值性的、相对性的知识，是需要进一步检验和反驳的。波普尔提出了知识的"可证伪性"。他指出：尽管在经验的意义上任何一种理论都不能被"证实"，但是却可以被"证伪"，任何一种理论都不是证实的结果，而是猜测的结果。波普尔进一步指出，在对知识的猜测与修正过程中"混杂着我们的错误、我们的偏见、我们的梦想、我们的期望"。[②]　后现代哲学家利奥塔也曾经提出这样的反问：我说的是真实的，因为我能证明；但什么能证明我的证明是真实的呢？

知识观的转型带来了课程知识观的变化，为课程知识的选择提供了认识论依据。本次课改改革了科学课程，注重课程形式的多样化，改变了"学科课程"一家独大的局面，增加了活动课程、体验课程、实践课程，鼓励学校开发校本课程，加强了人文课程；注重课程内容与学生生活的联系以及学生的兴趣和经验，注重课程知识的开放性和选择性等。这种课程知识及其呈现方式

---

① 余小茅：《还有比知识更重要的……》，《全球教育展望》2005 年第 3 期。

② K. R. Popper, *Conjectures and Refutations*, London & Henley: Routledge and Kegan Paul, 1963, p. 30.

的多样化超越了单纯追求科学知识的"真"，更有其他知识的"善"和"美"，还有生命中的爱、自由、思想、宽容、独立、批判、希望……，体现了对于人的完整性和生命性的追求，是教育回归人性、回归生命的体现，而这也正是教育本真的意蕴所在。新课程改革的"三维目标"中将"过程与方法"作为课程实施的重要内容，有课程专家对此进行了解读："过程与方法的含义有三条，指某一学科的探究过程与探究方法；指达到教学目的或获得所需结论而必须经历的活动程序；指学生接受知识，以及发现问题、分析问题和解决问题的过程。"① 可见，这里的方法主要指学生学习过程中的体验、思考、探究、合作和发现，在掌握所学内容的同时体验知识的发生和获得过程，是针对传统教学更多注重学习结果，忽视学生的学习方式和策略而提出的，而并非如通常所理解的等同于科学方法。虽然有研究者曲解了新课改中的方法，仅把它看作"科学方法"，并批评新课改中"重视科学方法的教育思想并未深入下去而是止步于理念层面不再前行"，但也没有对什么是科学方法、有哪些科学方法的清楚界定。如有研究者指出，"科学方法是人们在认识和改造世界的实践中总结出来的正确的思维方式和行为方式"，但这些正确的思维方式和行为方式是什么，却没有下文。有论者指出："科学方法有它自己独特的表达方式，……具有独立的体系，是客观存在的，具有客观实在性，也就毋庸置疑地成为科学课程的内容。"② 但这种客观存在的内容体系是什么，作者也没有具体回答。只提出问题而没有具体答案，我们对此仍知之不详。事实上，方法与

---

① 朱慕菊：《走进新课程：与课程实施者对话》，北京师范大学出版社 2002 年版，第 117 页。

② 邢红军：《中国基础教育课程改革：方向迷失的危险之旅》，《教育科学研究》2011 年第 4 期。

知识一样，是纷繁复杂、浩如烟海的。自然科学、人文科学、艺术科学都有其自身独特的方法体系，可以说人类有多少种类型的知识，就有多少种类型的方法，而不仅仅是自然科学的方法。新课改提倡的自主、合作、发现、活动，包括邢文中所诟病的"科学探究"，都是从方法层面强调的学习方式，体现了新课改注重"过程与方法"的目标。因此，以科学方法僭越新课改中的"过程与方法"，给人以偏概全之感，这难免有失公允，而且也是对新课改理念的狭隘理解。

五　余　论

目前教育理论界有一种约定俗成的认识，认为新中国成立以来包括本轮新课改，我国共经历了八次课程改革。以量化方式来看待课程改革是对教育改革进程认识的简单化；同时，对于课程改革成果的判断也有一种"成败论"的论调，以此认定某一次改革成功或失败了，用成功或失败来衡量课程改革是对教育改革结果判断的简单化。从教育发展的总体来说，改革是一种持续的过程，要发展就要改革，教育改革是教育发展的永恒主题，不能用量化的方法来割裂改革的连续性。当然，随着教育现实矛盾的转化，改革的主题可能随之改变，但改革的终极目标是一致的；同时，任何一次教育改革都有其特殊的时代背景和面临的现实矛盾，有其产生的合理性，因而也就有其独特的价值，如新中国成立初期我们效仿苏联进行的教育改革，虽然有着简单模仿、机械照搬等不足，但在当时的社会和教育背景下，我们还有别的选择吗？况且新中国成立初期的教育改革，不是也为后来的国家建设培养了一大批知识扎实、勤于奉献、勇于探索的宝贵人才吗！以此我们可以追问，世界上有哪一次改革是绝对成功或绝对失败的？答案无疑是否定的。

　　新课程改革是中国教育改革中的一个重要阶段，是以往教育改革的延续和深化，我们不能割裂中国教育改革的历史来孤立地看待此次课程改革。如上文所论，新课改的实践动因反映了新时期我国教育面临的矛盾和问题，如：过于注重知识的机械灌输、机械训练；学生缺乏创新精神和实践能力；知识教育过度而情感态度价值观教育不足；片面追求升学率的"应试教育"现象严重等。而新课改提出的教育理念，如"为了每一个孩子的发展"，实现学生全面发展的"三维目标"；注重学习过程中的自主、合作、探究、发现等都具有很强的适切性，是针对教育的问题形成的正确认识。当然，教育实践中出现所谓的"满堂问"、"满堂动"、"满堂放"、"满堂夸"，充斥着"虚假地自主"、"虚假地合作"、"虚假地探究"、"虚假地渗透"① 等问题（其实这是发生在少数课堂上的极端问题，并不具有普遍性），正是因为新课改没有深入，还停留在表面的表现，需要通过深化对新课改理念的认识，提高教师的课程意识和教学水平来实现，这也是新课改在进一步推行过程中所要解决的问题。新课改不是一劳永逸和一蹴而就的，一些理念以及以此制定的标准、内容、程序、策略和方法等也有一个逐步修正和完善的过程，由此也决定了课程改革的持续性和艰巨性。

　　新课程改革在某种程度上就是一种探险，它不可避免地会遇到阻碍和抗拒，有时甚至是激烈的抵制和对抗，这里有教育思想观念的问题，即人们传统的教育观还难以适应新的课程理念；有新课改实践中的现实条件问题，如教育实践水平和教育资源状况还不能为新课改提供适宜的客观条件；也有新课改自身的问题，如理念的不完备、体制的不健全、策略方法的不科学等，这些问

---

　　① 　程少堂：《第三只眼睛看课改——中小学课改四年的回顾与反思》，《深圳特区报》2004 年 11 月 2 日。

题都需要通过改革的进一步深化来逐步完善。我们不能因为新课改实践中出现了一些问题就对其失去信心，甚至危言耸听地将新课改描绘成"方向迷失的危险之旅"。正确的认识应该是：新课改的方向是正确的也是明确的，新课改的理念是科学的也是进步的，不能因为实践中遇到阻碍和问题就退缩不前，甚至回到过去的"老路"上去，这只能是历史的倒退。新课程改革之路虽然充满了艰难险阻，但前景无限光明。新课改"无限风光在险峰"。

理论何以成为新课程改革的基础

——新课改理论基础命题献疑

  课程改革理论基础的讨论是新课改学术争鸣中的热点问题之一，众多学者专家参与其中，发表了各自不同乃至矛盾与对立的观点，至今众说纷纭、莫衷一是。然而，蔚为壮观的讨论背后，对于"新课改理论基础"这一命题本身的正当性和合理性却缺少本体层面的追问。基于"基础"的本体含义考察新课改理论基础这一命题，或许对于我们理解新课改与理论的关系以及理论对于新课改的价值带来新的启示。

一　新课改理论基础的讨论及其主要观点

1. 新课改理论基础讨论扫描

  新课程改革理论基础的讨论发端于 2005 年 5 月靳玉乐、艾兴在《中国教育报》上发表的《新课程改革的理论基础是什么》一文，该文指出："不赞同以理论的多元性来模糊新课改的理论基础，要旗帜鲜明地明确新课改的理论基础"，"必须坚定不移地以马克思主义作为我们的指导思想和理论基础"。[①] 以此引发了课程改革理论基础问题的大讨论。《中国教育报》（教育科学

---

① 靳玉乐、艾兴：《新课改的理论基础是什么》，《中国教育报》2005 年 5 月 28 日。

版）专门开辟专栏进行讨论，持续了半年之久。针对靳文的观点，同年8月高天明在该报撰文，认为"课程理论必须在知识、文化和社会三个维度去解决，马克思主义的认识论基础不是课程理论所要讲的直接理论"，[①] 对于新课改的理论基础，"不能够泛泛搬用马克思的认识论"，"应该在课程哲学上多做些具体和深入的探讨"。[②] 王华生对两种观点进行了整合，认为"新课改应坚持马克思主义一元论为指导思想与多样化理论相结合的原则"。[③] 马福迎进一步指出：新课改的理论基础"既坚持了马克思主义关于人的全面发展学说，又广泛吸收了当今世界先进的教育理论研究成果。这次新课程改革的理论基础是鲜活的、清晰的、也是先进的"。[④] 崔国富则从另一个层面指出："新课改的理论基础问题，并不是具体的课程理论本身的问题，它实质是深层次的教育思想观念问题，换言之，并不是课程改革设计方案所依据的具体理论不清晰、不明确，而是我们的教育基础理论模糊不清，教育思想观念的改革还没到位。"[⑤] 新课改理论基础的讨论引起了众多教育理论工作者的参与，纷纷撰文表明自己的立场和观点，至今仍余音不断。

2. 讨论所反映的主要观点

概览新课改理论基础的讨论所反映的观点，大致有三：一是一元论，即新课改只有一种主要的理论作为基础；二是多元论，

---

① 高天明：《新课程改革的理论基础究竟是什么》，《中国教育报》2005年8月13日。

② 高天明：《应从哲学层面探讨》，《中国教育报》2005年8月13日。

③ 王华生：《新课改的理论基础是什么》，《中国教育报》2005年9月17日。

④ 马福迎：《对〈靳文〉的有些观点，不敢苟同》，《中国教育报》2005年8月13日。

⑤ 崔国富：《新课改改革的理论基础究竟是什么》，《中国教育报》2005年10月22日。

认为多种理论共同构成了新课改的理论基础；三是模糊论，认为新课改理论基础模糊不明，缺乏清晰的理论基础。

一元论承认新课程有且仅有一种理论基础，即以马克思主义认识论和全面发展学说作为新课改的理论基础。如靳玉乐等认为，"在课程改革中，必须坚定不移地以马克思主义作为我们的指导思想和理论基础"。赖海燕等也主张，新课程改革的理论基础是马克思关于人的全面发展学说，认为"马克思主义关于人的全面发展理论为新课程改革的价值取向提供了理论依据"，"马克思主义关于人的全面发展理论是新课程改革的哲学基础"。① 王策三先生也基本持这一主张："关于指导我国教育事业改革和发展的思想理论和根据，是有明确共识的。我们教育的基础理论是'全面发展学说'。"② 这种观点把马克思主义理论作为新课程改革的唯一指导思想和理论基础，其他理论虽然有其重要参考意义和借鉴价值，但与马克思主义理论不属于同一层次，不能构成课程改革的理论基础。

多元论认为新课程改革的理论基础应坚持多元化，在课程改革的国际大背景下，应放眼世界，采取"国际视野"，兼收并蓄国际国内一切先进的教育理论作为我国新课程改革的理论基础。如有学者指出："鉴于新课程改革既具有现代民族特色，又具有'世界眼光'，其理论基础必然具有多样性特征"，在坚持中国特色的同时，"积极借鉴与吸收西方发达国家先进的教育和课程理论……有现代课程理论（如布鲁纳的结构课程论、布鲁姆的掌握学习理论以及目标分类学等）和现代教育论（素质教育思想、

---

① 赖海燕、陆建平：《新课程改革的理论基础：马克思关于人的全面发展理论》，《江西教育》2005 年第 12 期。

② 王策三：《认真对待"轻视知识"的教育思潮——再评由"应试教育"向素质教育转轨提法的讨论》，《北京大学教育评论》2004 年第 3 期。

人本主义教育思想等）……后现代课程观、建构主义教育观、多元智能理论等"。① 还有论者更加明确地指出："我国这次的课程改革，充分吸收古今中外的研究成果，坚持理论的多元性，融会贯通，理论基础厚实，具有时代性、全球化的视野，是正确的"，"我国这次新课程改革的理论基础除了'建构主义、后现代主义，还是常提常新的杜威的实用主义'外，还有加德纳的多元智力理论、马克思的全面发展学说等"。②

　　另有论者指出本轮课程改革的理论基础"含混不清"，没有谁对"新课程改革的理论基础到底是什么"作出明确的回答，这会导致"改革实践的不知所措"。③ 也有论者提出："这次新课改的理论支撑到底是什么？……从某些带有倾向性的倡导和似曾相识的概念中，我隐约觉察到这次新课改的理论支撑相当匮乏和凌乱。"④ 还有论者认为新课程改革"实际上反映着两种教育思想观念——培养塑造人与引导生成人的激烈碰撞，在这两种截然不同的教育观念指导下，新课程改革的指导思想和理论基础必然暴露出模糊的问题"。⑤ 也有人认为新课程理论基础之所以"模糊"，是"由于正式的政策文件推进文本以及解读文本中缺乏有

---

① 吴永军：《正确认识新课程改革的理论基础及其价值取向》，《教育科学研究》2010 年第 8 期。

② 马福迎：《不要拉大旗作虎皮——也谈新课程改革的理论基础是什么》，《校长阅刊》2006 年第 9 期。

③ 靳玉乐、艾兴：《新课改的理论基础是什么》，《中国教育报》2005 年 5 月 28 日。

④ 陈培瑞：《基础教育新课改：反观与前瞻后的沉思》，《江西教育科研》2004 年第 1—2 期。崔国富：《课程改革中，两种教育观应有正确的选择》，《中国教育报》2005 年 10 月 22 日。

⑤ 崔国富：《课程改革中，两种教育观应有正确的选择》，《中国教育报》2005 年 10 月 22 日。何学新、张丹丹：《我国课程改革理论基础研究的反思》，《课程·教材·教法》2011 年第 5 期。

关课程改革理论基础的阐述和说明"，从而导致了"无论是教育理论工作者还是一线的教育教学实践工作者都对本次课程改革的理论基础问题进行了质疑"。①

二   "新课改理论基础" 命题的不合理性

1. 概念运用中的问题

纵观新课改理论基础的探讨，论者众多，观点各异，各说各理，难以统一，之所以出现如此众口难调的歧义，一个重要原因就是对相关概念的运用中存在的误用和混用等问题，缺少统一性。诸多争论看似针对某一问题的探讨，实则站在各自立场，自说自话。如在"理论基础"概念之外，还有诸如"指导思想"、"理论依据"、"理论支撑"等，很多论者并未对这些概念加以解释、辨析和比较，就想当然地使用，甚至混用或通用，使本来就模棱两可的问题，更加难以把握。如有论者归纳了讨论中指导思想和理论基础两个概念的使用情况："第一，将指导思想和理论基础等同，认为应在意识形态层面上探讨"；"第二，认为理论基础应在哲学层面上探讨"；"第三，认为理论基础应在操作层面上探讨"。作者在极力分析和比较二者的使用层次时，却又归纳出"一种观点主张，必须旗帜鲜明地指出新课改的理论基础，要坚定不移地将马克思主义认识论和全面发展学说作为理论依据"的观点。② 这种观点本身就把理论基础和理论依据当做同一概念使用。另有论者既把马克思主义认识论和全面发展学说作为

---

① 何学新、张丹丹：《我国课程改革理论基础研究的反思》，《课程·教材·教法》2011 年第 5 期。

② 吴永军、宁婷婷：《我国基础教育课程改革理论基础研究述评》，《教育理论与实践》2008 年第 12 期。

指导思想，也作为理论基础，还可作为理论依据，但到底是指导思想还是理论基础，或是理论依据，抑或三者兼具，根据何在？还有作者在探讨同一论题时，论点是讨论理论基础问题，但在论证时却用理论支撑、理论依据等概念；或者，明明是在讨论理论基础问题，在引用别人文献作论据时，却引用理论依据、理论支撑的说法，让人产生偷换概念之感。这种对相关概念的误用、混用甚至乱用的现象，反映了论者对概念的本体含义缺少清晰的界定，把本来似是而非的概念当做确真的含义使用，从而悬置了事实，遮蔽了真相。

2. 命题本身的不合理性

"新课程改革的理论基础究竟是什么？"这是本次讨论的关键语。人们往往从论题所指的内容或对象上考察，却鲜有对这一论题本身的内涵及其合理性进行追问，亦即缺少"元认知"层面的概念分析。

（1）何谓"基础"

《辞海》对"基础"的解释有三条：①把建筑物、机器设备等的荷重传递给地基的结构。……基础应有足够的底面面积和埋置深度。②泛指事物发展的根本或起点，如物质基础；基础知识。③特指社会发展到一定阶段上的生产关系总和，即"经济基础"。[①] 我国另一部权威性辞典《现代汉语词典》也与上述解释基本类似，只是稍微简略些。上述解释第一条为其基本义，第二条是其规范义，第三条则是专用义，规范义源于基本义，把基础作为事物本身的一部分，并指对事物的发展具有奠基作用和起始意义的因素。日常用语中说基础的时候，并不像上述第二条的规范义那么严谨，一般会对规范义加以延伸，只要对事物形成和发展起到某种推动作用的因素都可以称作基础。本次讨论中之所

---

①　辞海编纂委员会：《辞海》，上海辞书出版社 1979 年版，第 1423—1424 页。

以产生诸多概念混用现象，如把基础等同于"根据"、"依据"、"支撑"甚或"指导思想"等，似乎就在于没有在严谨的规范意义上使用"基础"的概念。

（2）何谓"理论基础"

"理论基础"这一概念，可以从两个层面上进行解读，一是指"理论的基础"，二是指"……的理论基础"。按照"基础"的规范义，"理论的基础"是指在某一理论中起根本作用的因素是什么。这些因素仍然是理论本身的组成部分，只是在理论的整体中居于特殊地位，对于理论的发展起到某种奠基和推动作用，如我们可以把辩证唯物主义作为马克思主义理论的基础"。"……的理论基础"则是指某种现象、事物或活动在形成发展中所依据或借鉴的理论是什么，这是一种在延伸意义上使用"基础"概念，与"依据"、"支撑"等概念接近。如我们可以在"……的理论基础"中的省略号处加上某种现象、某个事物、某项活动等作为其所指。所指称的对象与理论已不是同一事物而是处于不同的层次，虽然二者可能有某种关系，甚至是非常密切的关联。"课程改革的理论基础"就是在此种语境下使用的。

（3）何谓"新课改的理论基础"

如果从延伸意义上来理解"基础"的内涵，课程改革的理论基础就是在课程改革中所借鉴或运用的理论，以之作为新课改的理性参照，那么所谓新课改的理论基础就不是一元而是多元的，而且只要古今中外对新课改有参考价值的理论都可以为之所用，"理论基础"、"理论根据"、"理论依据"、"理论支撑"也可以顺理成章作为统一用语互用和通用了。但如此一来"课程改革理论基础"的探讨也就并无多大意义，并且带来了不必要的混乱。我们只要对各种理论进行辨析和扬弃，找到与新课改的适切性并以之为新课改寻求某种理论支持就可以了。

从"基础"的规范意义审视"课程改革的理论基础"这一

命题，则存在着内在的缺陷。课程改革作为实践中的教育变革，对新课改起根本和起点作用的因素即它的基础是什么呢？是理论吗？我们也可以把"课程改革的理论基础"中的"理论"替换为"实践"、"历史"、"资源"、"人力"等概念，究竟何者才是课程改革的真正基础？虽然列宁曾说过"没有革命的理论就没有革命的运动"，有学者据此指出："中国的基础教育课程改革就把常识性的东西弄颠倒了。不是理论先行，而是以行政手段自上而下地推动一场革命，难免陷入盲目性甚至是危险的境地。"①但是任何真理都是相对的，理论和行动的先后并不必然具有一成不变的定律。我国改革开放之初不是也"摸着石头过河"吗？因此，新课改理论基础这一命题，从"基础"的延伸含义上说是一个并无多大价值的命题；从"基础"的规范意义上讲则是一个虚假的命题。基于上述分析，由于"新课程改革理论基础"的讨论中，对前提性的概念"基础"的理解缺乏精确性和科学性，因此，无论是一元论、多元论还是模糊论，都缺乏正当性和合理性。显然，作为从国家层面进行的社会变革，新课改从准备到发动再到推行这一过程，起根本作用的因素即"基础"应从国家社会发展对新型人才培养的需要和教育现状的矛盾问题中去找寻，亦即从教育和人才培养的实践中去找寻，而不是从理论中获得。

三　价值取代基础：理论之于新课改的真正使命

新课改作为一种实践变革，本身就反映了理论与实践的内在统一。新课改需要理论也离不开理论，但新课改所需的理论不是

① 陈培瑞：《基础教育新课改：反观与前瞻后的沉思》，《江西教育科研》2004年第1—2期。

抽象的！不同性质和层级的理论对于新课改具有不同的价值和作用。首先是宏观层次上抽象度较高的基本原理形态的理论，如马克思主义理论以及其他哲学层面的相关理论，由于它们从形而上层面反映了实践的规律性，具有相对的"普遍真理"意味，对新课改起着指导和引领作用。这种引领是一种观念、价值引导，给人们带来的是一种思想的启迪、观念的改造、理念的创新，是把新课改导往正确目标的方向和"路标"，同时又对新课改实践的各个环节进行调控和检视；其次是处于中观层次上的学科理论，侧重对具体实践的解释和说明，揭示实践中的因果联系，有利于人们正确科学地认识和把握实践，如各种教育（课程）理论在一定程度上揭示了教育的本质和发展规律，为人们对教育实践作出科学的说明和解释提供了依据，它有利于人们对教育现象的认识和了解，帮助人们对教育实践作出科学的判断，也有利于人们根据教育规律的认识去预测和推断未来的教育事实，从而提高实践者的理论素养和认识能力。

再次是处于微观层面的应用性理论，或称为策略性知识或理论，它们往往对新课改的具体实施起到具体的策略和方法的作用！新课改在需要一些原理性的理论作为引领的同时，更需要贴近实践并为教师的教学行为提供策略和方法的应用性理论，这一方面需要理论工作者加强对宏观理论的深化和细化的研究，把抽象的理论具体化和显性化，同时转变思辨式的研究范式，积极开展行动研究和田野式研究，尤其是要走进学校、走进课堂，与一线教师进行合作研究，为新课改实践提供应用性、策略性、操作性的知识。作为从国家层面发动的自上而下的变革，本次课程改革有国家的大政方针、各种教育法律法规以及教育政策和文件，它们总体构成了我国本轮课程改革的指导思想和精神，是新课程改革的行动指南。以国家教育改革的基本精神为指导，新课改以一种开放和包容的"国际视野"，博采众长，吸取国际、国内的先进理论，尤其是西方发达国家的先进理念，如建构主义、后现代主义、实用主义、多元智能理论等，形成服务于课程改革的新理念。各种理论对于新课程改革的价值不在于它为新课改提供什么基础，它们的使命在于引领新课程改革，为新课改提供智力支持和理性参照，提升新课改的品质以及为新课改实践提供方法性、策略性的知识！当然各种理论自身的优劣和利弊，需要分析和鉴别，至于"新课改理论基础"这种模糊不清的形而上的讨论，借用维特根斯坦的话，对于这些不可说、说不清的东西，就不要再说了吧。

新课程背景下教师专业发展的途径与策略

教师是基础教育的基础，是提升基础教育质量的关键，没有优质的、高质量的教师队伍，就不会有好的教育，因此，要使新课程改革取得成功，必须拥有一支高质量专业化的教师队伍。而我国教师队伍的专业化发展尚存在诸多问题，如何促进教师专业发展，提高教师队伍的质量，不仅是当今世界教师教育的共同话题和主要发展趋势，同时也应是我国教师教育改革和发展的需要与方向。本文以当前新基础教育课程改革对教师专业发展的要求为背景，探讨教师专业发展的途径与策略。

一 新课程改革对教师专业发展提出的要求

1. 教师学会学习

有些教师认为学习只是学生的事，教师的任务只是"教"。其实学习对教师来说同样重要。当前人类逐渐进入信息化时代，教师必须加强学习，学会如何获得信息资源以及如何有效利用这些资源，这对教师的专业发展至关重要。教师必须不断更新观念、知识和能力，掌握现代教育技术，并用于自己的教育教学，以适应不断变化的时代对教育提出的要求。每个教师都必须成为终身学习者，不断地学习，提高自己的知识水平。过去我们常常津津乐道于教师"一桶水"相对于学生"一杯水"的丰富渊博，现在"一桶水"的容量已远远不能满足学生的需要，教师必须时刻吸纳新知，不断丰富和提高自己，成为学生的"源头活水"。否则，教师不仅难以在学生面前维持自己的威望，在专业发展方面也会遭遇重重困难。

2. 成为反思型教师

对于当前的课程改革，很多教师不知道自己该怎么办。这固然是由于当前课程改革的理论基础还不够完善，但同时也和教师缺乏独立思考有关。作为教师，不能盲目地迷信专家的权威，坐等专家把研究成果送上门来，不假思索地照搬到自己的教育教学中。而应持怀疑的态度，对之进行认真的研究反思，检验其是否适合自己的教育教学实际，根据具体情况灵活变通，为自己的教育教学服务。教师应该培植起自己的"反思"意识，不断反思自己的教育教学理念与行为，思考各种教育行为的后果，不断自我修正、调整和更新，从而加快自己的专业发展与成长。

3. 强化创新精神

教师必须通过创造性教育来培养学生的创新精神和创新能力，将学生培养成会创造的人。这首先要求教师培养起自己的创新能力。教师应该经常主动地更新观念，学习新知，在教育教学和日常生活的一点一滴中，有意识地培养和强化自己的创新精神，创造性地进行教育教学不断提高自己的创新能力。教师的专业发展是在不断的创新中实现的。

4. 重视交往与合作

新课改要求教师高度重视交往与合作能力的培养。在现实情况下，教师之间存在竞争关系，但同时也有合作关系。新时代的社会在竞争加剧的同时更加强调交流与合作，强调双赢和共赢。教师之间的交往与合作有多种形式。日常教学之余，教师之间可以相互交换意见，彼此分享经验。同科教师之间可以在一起讨论教学方法，相互合作设计课程。不同学科的教师也可以相互学习和借鉴，或在相关学科知识方面提供专业帮助等等。新课改还提倡师生之间的交往与合作。在这方面教师应该积极主动，为"生"师表。教师应该努力成为师生关系的艺术家，积极与学生进行交流，必要时甚至可以积极与学生合作，共同完成教学。

5. 教师成为研究者

教师应成为教育教学的研究者，对于中小学教师来说高不可攀，其实每一个有一定知识基础的人都能进行某方面的研究。中小学教师对于自己的专业教育教学是天然的研究者。我们应该不断向研究型教师的目标迈进，积极发现自己教育教学中存在的问题，深入研究思考解决这些问题的方法，这样才能不断提高教育教学质量，促进自身的专业发展。

二　实现教师专业发展的有效途径

教师专业发展是一个长期探索、不断进步的过程，这一过程永无止境。教师培训和发展必须贯穿其专业生涯始终。要改变高学历就是专业化的片面认识，变被动发展为主动发展，教师就必须要在自身的职业岗位上执着努力。必须打破传统的划一型、封闭型和终结性培养模式，开放培养体系，实现教师培养模式的多元化。实践证明，教师参与校本培训、专家引领、课程开发和行动研究，是促进中小学教师专业发展的有效途径。

1. 校本培训

校本培训是各个学校根据自身情况自主设计培训内容，自行开发符合本学校实际的教材进行的培训。由于不同学校、不同教师在新课程改革中会遇到不同的问题，教师在新课程理念下的专业能力也需要进一步提升，因此校本培训要以新课程实施过程中所面对的具体问题为切入点，以促进教师的专业发展和学生发展为目标，在理论指导下设计培训内容、培训方法、培训标准，既注重切实解决实际问题，又注重概括、总结经验和探索培训规律，在研究中培训，在培训中研究，把培训过程变成基于新课程理念指导的教师专业发展的过程。

2. 课题带动

成为研究者是新课程改革对教师提出的基本要求，提高教师的科研能力是引导教师由经验型向专家型转变的重要路径，而提高科研能力的策略之一就是课题研究。教师要结合自己在教学中遇到的实际问题，以课题的形式进行研究。广大中小学教师要打破研究高不可攀的神话，在教学中勇于反思、探寻、质疑、创新，以自己的切身感受去验证、理解、关注，进而发现、提出和解决所面临的各种实际问题。中小学教师进行的课题研究有别于高校教师的理论研究，注重案例研究、行动研究、叙事研究，以解决教学实际问题为目的，结合教学实际，强调专业引领，注重行为跟进，在研究过程中要学会反思，学会合作，学会交流。在这一过程中使教师从不成熟到成熟，从新手到专家，促进教师的专业发展。

3. 课程开发

新课程改革实行国家、地方、学校三级课程管理模式，课程权力进一步下放到学校和教师。这要求教师成为课程的建设者和开发者，要求学校成为课程开发的学习型组织，这也对教师的课程开发意识和能力提出了新的要求，教师要有效地实施新课程，必须增强课程意识，提高课程设计和开发的能力。在三级课程模式中，体现教师课程开发主体的重要一级就是校本课程的开发，这是新课程改革的亮点和创新点。校本课程开发使教师得以亲自参与到课程编制、开发及实施的整个过程，国家提供的课程标准成为他们主动学习研究的指导纲要，国家提供的配套教材成为他们自主选择的对象，不再是提供给教师的课程集装箱。学校和教师根据国家和地方制定的课程纲要，依据学校自身的性质、特点、条件及可利用和开发的课程资源，由教师自主、自愿，独立或与校外专家团队及个人合作开展旨在满足本校学生学习需求的一切形式的课程开发活动。在校本课程开发的过程中，教师共同参与，开展探究和合作，反思自己教学中的问题，寻找解决问题的答案，这无疑为教师的专业发展提供了广阔的空间。

4. 行动研究

新课程蕴含的新理念、新方法以及新课程在实施过程中所出现和遇到的各种各样的新问题，都是过去的经验和理论难以解释和应对的，需要教师在行动和研究中解决。教师的行动研究不是被动地等别人把研究成果送上门来，不假思索地把它们应用到教学中，而是自己以研究者的姿态置身于教学情境中，发现问题、解决问题。教师以研究者的眼光审视和分析教学理论与教学实践中的各种问题，对自身的教学行为不断进行反思，对出现的问题进行探究，对积累的经验进行总结，形成规律性的认识。教师的行动研究是为教学行为进行的研究，不是脱离教学实际而是为解决教学实际问题进行的研究，这种研究不是在书斋里，通过阅读和查阅文献进行理论总结，而是在教学实际活动中，就教学问题展开的以解决自身教学问题进行的研究，这种研究的对象和内容就是教师自身的教学活动本身，这种研究无疑对提升教师自身的专业发展，培养专家型教师具有重要意义。

三　促进教师专业发展的策略

加强教师的专业化建设，既是提高教师社会地位的内在需要，也是促进教师素质提高的重要措施之一。教师素质的提高，一方面有赖于教师本人的努力，另一方面有赖于促进教师素质提高的机制是否完善和健全。要使广大教师适应新课程的需要，必须建立健全教师专业化发展的机制，促进教师整体素质的提高。

1. 营造教师发展的心理和工作环境

教师工作富有创造性，教师在宽松愉悦的人际氛围中进行教育教学实践活动，探索教育规律，教师的心情是放松的，思维是开放的，工作热情是高涨的，这样的氛围给教师带来的是无限的创造力。许多奇思妙想油然而生，教师在工作中会创造许多业绩。教师与教师之间在专业方面互相学习，互相交流，共享学习的快乐，营造浓厚的研究氛围，期间教师的人格、修养得以升华。这对教师的专业发展有着积极的影响，教师就会变被动的专业发展为主动的、能动的专业发展。

学校作为教师工作的主要场所，要给教师充足的发展空间，为教师专业发展提供支持条件，创造更多的机会，让教师去实践、去体验、去感悟。根据动机理论，教师如果拥有自主的发展愿望，把教育工作看作是一种责任与使命，他们焕发的工作激情就大，教师就把自己的专业发展当做一种责任，去主动地寻求发展。教育行政部门和学校的管理者尤其是校长，要通过建章立制，把学校变成促进教师专业发展的良好场所，通过各种措施激发教师的专业发展自主性，调动教师的工作积极性，营造积极、宽松、上进的氛围，让教师身处其中，感受到学校的温暖和积极向上的工作氛围，从而激发他们专业发展的热情。

2. 促进教师自我反思，不断提高专业水准

教师专业发展的一条重要途径是教学反思。教师的教学反思是指以自身的职业活动作为思考对象，对自己在教书育人行为以及由此产生的效果进行审视和分析的过程。教学反思被认为是教师专业发展和自我成长的核心要素。新课改强调教师的自我反思。反思不是一般意义上的"回顾"，而是思考、反省、探索、解决教育教学中存在的问题。教师的研究能力，首先表现在对自己的教育实践和周围发生的教育现象进行反思，善于从中发现问题，从而改进自己的工作并形成理性认识。学校可以通过教师互

相听课、评课，学校领导和骨干教师直接与教师对话、沟通、交流，组织教学反思、个案研究交流、观看课例等形式，让教师在教学实践中发现问题、提出问题、解决问题。教学反思有利于提高教师教学的主动性、目的性和创造性，不断改善自己的教学行为，帮助教师从教学的感性认识上升到理性认识，教学反思使教师在自我反思中提升自己的专业素养。

3. 找准研究路径，推动案例研究

教师的研究是提升自身专业水准的重要抓手，而找到适合自己的研究路径和方法则是教师开展研究的关键。教师教学是一种教师个人直接参与其中的思维活动，具有切实的自我感受，若能把课堂教学的各个环节通过案例的形式撰写或记录下来，加以思考、分析，从中找到有价值的内容并上升到课题研究，对于教师的专业成长大有裨益。教师边教学边研究，把教学问题及时转化成研究问题，以具体的教学事件、教学案例为研究内容，以解决教学问题和提升自身的教学水平为目的，形成教师教研的良好图景。作为学校应重视教师的案例研究，指导教师做好案例研究，如抓住日常的教育教学的典型事例，及时进行记录、整理，聘请专家学者进行指导，编写较有质量的教育研究案例集，或者组织以听课为重要形式的"经验的移植和整合"研究，或者借鉴具体而鲜活地存在于身边的他人经验或教学案例进行研究，或者把自己的教学经历中选取具有典型意义的"关键事件"进行针对性研究，或者在教育专业人员指导帮助下开发教学案例或校本课程，抑或针对教育改革中的热点、难点问题开展教育行动研究等。这些都是教师开展具有个性特点的案例研究的好形式。这些研究为丰富教师个人的教育教学智慧，促进教师的专业发展提供了良好的教研平台。

4. 改变课堂教学评价，促进教师教学行为的转变

课堂教学是新课程实施的主阵地，教师的教学行为直接影响

到新课程实施的效果，为此，需要构建一个适合新课程实施的课堂教学评价体系。课堂教学评价改革可以从以下几个方面入手，即从教学目标、学习方式、教学过程、师生互动、学习结果等方面进行设计，把新课程理念渗透于上述几方面的设计中。同时，在教师教学行为上，一是要面向全体学生，注重个体差异；二是准确把握新课标的内涵，教学行为体现新课程的理念；三是注重教学情境的创设，激发学生参与教学的积极性；四是倡导新的教学方式，如自主学习、合作学习、探究学习等；五是注重营造民主和谐的教学氛围，创设条件让学生敢说、敢问，主动参与、积极互动，倡导合作，鼓励实践，培养学生的创新意识和实践能力，让学生体验到学习的乐趣。

第三部分
教学理念与校本教研

后现代知识观视野下的教学理念转向

后现代主义是 20 世纪中叶以来在批判现代主义强调绝对理性、规范性、确定性基础上形成的一种哲学思潮。它提倡超越理性，主张世界的多元性、开放性和不确定性，在历史、文化、自然、教育、美术、建筑等多个领域对现代主义哲学进行批判和解构，从而构建了后现代主义哲学范式。其中，包括对知识的认识以及在此基础上形成的后现代知识观。随着后现代关于知识观的根本转变，教学理念也在重新建构，后现代对于知识的认识为我们提供了崭新的视角，对教学理念的重新构建具有重要的启示作用。

一　后现代知识观的基本观点

后现代主义关于知识的阐释是建立在对知识问题上的"客观主义"、"科学主义"的批判和反思基础上的。知识"客观主义"和"科学主义"强调知识是"客观的"、"普遍的"和"中立的"，是对客观世界的"镜式"反映，是放之四海而皆准的真理。认识主体只能被动地接受、解释、重述和运用这些知识而不能有丝毫的僭越。与此相对立，后现代知识观强调知识的主观性、多元性和差异性，认为知识在本质上是历史的、社会的、文化的。后现代知识观的基本观点体现在以下几个方面。

（一）知识的文化性

后现代知识观认为，任何知识都是一定历史和社会发展阶段的知识，"知识的性质不可避免地受到其所在的文化传统和文化模式的制约，与一定的文化体系中的价值观念、生活方式、语言符号乃至人生信仰不可分割，因而就其本性而言是'文化的'而非是'客观的'，是'文化涉入的'而非是'文化无涉'的，是有一定'文化阈限'的而非是'跨文化'的或'超文化'的"。① 不同的国家、种族或民族甚至不同的地域存在着不同的文化背景。这导致了人们特定的思维方式和认知方式，形成了多元的认识视角。而这种视角往往决定了认识对象的性质、内容、丰富性、精确度。用各自独特的视角去认识世界，则世界变得五彩缤纷、绚烂多姿。因此，抛却历史、文化、时空界限，武断地抽象出所谓普遍运用的"客观知识"，去统领纷繁复杂的认识世界，是一种"知识霸权主义"，它隔断了人类知识的横向联系和纵向发展，使人类的知识视野封闭在狭窄的框架中，失去了生机与活力。

后现代知识观认为，由知识的文化性决定了人类知识的多样性，有个人性的知识、社会性的知识，有显性的知识、隐性的知识，有本土知识、外域知识，有陈述性知识、程序性知识和策略性知识。略窥一下科学史上的对各种知识的分类，就可看出知识是多么五花八门、异彩纷呈。科学知识只是知识大家族中的一员，每一种知识都是平等的，知识的平等性决定了获得知识的选择性。谁也不能阻止一个独立的个体自身所需知识的权利，也不能把知识强加给一个对它毫无思想准备和兴趣的个体。

---

① 石中英：《知识转型与教育改革》，教育科学出版社 2001 年版，第 143 页。

（二）知识的价值性

现代知识观的知识价值中立性割裂了知识与认识者的关系，漠视了知识的社会性、历史性、文化性，把原本由处于一定文化背景的社会个体根据自身致知方式和价值取向生产出来的知识当作凌驾于整个世界的"圣经"，成为悬在人们认识之上的"达摩克利斯之剑"。而后现代知识观认为，知识是在特定历史环境和文化背景下生产和组织起来的，它受着社会价值的引导，经过人为价值取向的构建，具有明显的价值倾向性。不同历史阶段、不同的国家和民族、不同的群体和个体身上对知识都有不同的价值需求，在各自的视域内将会呈现不同的知识形态。当斯宾塞发出"什么知识最有价值"的设问时，他从自己的价值立场出发作出了"科学知识最有价值"的回答。其背后所隐含的前提是"我认为最有价值的知识最有价值"，而"我"是具有一定文化背景和价值观念的主观个体，因此抛开具体的历史文化背景、认识主体的价值倾向性，抽象出普遍使用的冷冰冰的知识，则知识成了无源之水、无本之木。"科学主义"、"客观主义"虽然强调知识价值的中立性，但其主张实质上也体现了一种价值倾向，即试图用一种普遍适用的知识去规约和解释世界的一切现象和问题，反映了一种极端主义的知识价值观，只是它自己置身其中却浑然不觉。

具体到特定的社会和历史阶段，知识的价值特性首先体现在社会权力上。任何知识在传播过程中都受到权力因素的制约。"知识是一种深深根植于权力关系连接之中的社会结构"，[①] "掌

---

① Peter Mclaren, *Life in Schools: An Introduction to Critical Pedagogy in the Foundation of Education*, Long man Publishing Group, 1994, pp. 95–96.

握权力的人将限定什么是知识"。① 在权力和知识的关系上，权力决定知识的生产、选择和分配，它反映阶级和集团的兴趣，代表阶级和集团的利益。尤其是学校教育中的知识，它的选择、组织、确定都要经过阶级意志利益的价值过滤，带有明显的主流意识形态特征。

（三）知识的相对性

随着知识普遍性、客观性的消解和文化性、价值性的确立，知识由一种绝对知识成为一种相对性的知识。后现代知识观认为，知识不是对客观世界的"镜式"反映，不是绝对客观的。人类知识发展史上任何一门知识的确立都有其特定的主客观条件，也同时悬置或忽略了其他条件，它在一定范围和条件下是真理，一旦超出了这些条件和范围就变成了谬误。也正是知识相对性的存在为它的发展拓展了空间，人类认识境界才不断提升。任何知识都是对客观事物或问题的一种假设、一种猜测，都有待于通过实践进一步检验和反驳。正如后现代哲学家利奥塔所指出的：我说的是事实，因为我能证明；但什么能证明我的证明是真实的呢？阿普尔也指出，知识不是对客观现象的"证实"，而是一种"证伪"，是对已有知识的检验和修正。"所以根本不存在建立在确定性基础上的知识进化和积累，有的只是猜想和反驳"，② 其中，"混杂着我们的错误、我们的偏见、我们的梦想、我们的希望"。③

---

① ［德］阿普尔：《意识形态与课程》，华东师范大学出版社 2001 年版，第43页。

② 黄忠敬：《我们需要什么样的课程知识观》，《南京师范大学学报》（社科版）2002 年第 6 期。

③ K. R. Popper, *Conjectures and Refutations*, London & Henley: Routledge and KeganPaul, 1963, p. 30.

知识对于认识主体而言是相对的。知识是为人的更是人为的，在不同认识者的"视界"里有不同的知识。所谓知识的达成并不是认识者对知识形成了一致的意见，而是彼此之间通过理解与合作、沟通与对话，通过"视界"的融合，在各自的"视界"里对知识进行解构和重组，形成新的认识，而其中"人的情感、态度、价值观及其生活经历都会影响其对知识的理解，由于主体的不同理解，知识具有了相对性"。①

（四）知识的情境性

后现代知识观认为，所有的知识都是局部的、不确定的和情境性的。任何知识都存在于一定的时间、空间、理论范式、价值体系、语言符号等文化因素之中，知识的陈述要依据其所处的意义表达系统。离开了特定的历史时期、特定的空间、特定的文化背景，就不存在任何的知识，也不存在任何的认识主体和认识行为。知识的情境性使知识变得具有个性化。认识主体在特定的情境中从独特的"视角"出发去认识客观世界，生成个性化的知识。正如尼采所说：有各式各样的"眼睛"，因而有各式各样的"真理"。在教育教学过程中不能忽略学生的文化背景、认知方式而采取固定僵化的教学模式，抹杀学生的个性。

二　后现代知识观视野下教学理念的转变

（一）教学目标：由唯智性到人文性

教学目标是整个教学过程的灵魂，确立什么样的教学目标直接影响着教学效果的得与失，人才培养的优与劣。传统教学目标的知识技能倾向（双基），把掌握客观的标准化的知识作为教学

---

① 万伟：《知识观转变视野下的课程改革》，《教育科学》2003 年第 6 期。

的唯一目标。教师成为复制知识的"机器"，学生成为接受知识的"容器"；教师"填鸭式"地灌输，学生"机械式"地死记硬背，只讲标准答案，不讲怀疑和创新；只注重分数，忽视学生的个性发展。师生之间成为一种"银行式"的关系（弗莱雷），学生的想象、幻想、创造、个性被泯灭和抹杀。当教师提出"雪化了变成什么"的问题时，学生只能回答"变成水"。如果发挥想象力回答"变成春天"，那是大逆不道的。因为在教师的头脑里存在一个基本的前提：知识是客观的，标准答案是唯一的。而随着所谓错误大案的被纠正和标准答案的确立，学生的想象力、创造力同时被扼杀，一个充满生机与活力的心灵被规约到约定俗成的知识客观主义的框框中，失去了灵性。在新课程背景下应该确立教学目标的唯智性向人文性转变，由"知识本位"转向"人本位"。

1. 由知识传授转向意义生成。建立在"知识客观主义"基础上的教学目标观把认识主体与知识对立起来，把知识当作外在于认识主体的僵化的教条。学习的目的就是让学生去理解和领会这些教条，学生成为复制知识的"机器"，变成无目的、无意识的存在物。而建立在后现代知识观基础上的教学目标观则要求由单纯追求知识的掌握转向对知识的选择、判断、体验、反思，在此基础上促进个体意义的生成。学生作为"批判的思想者"而存在，知识（教材）作为师生意义生成的材料。教学目标是开放的，学生从自身的情感、态度、价值观和个性特点出发对知识进行价值判断，对知识进行改造和再造。教学目标的意义，一方面体现在学生作为学习的主体对认识活动的主动性、选择性，有利于培养其怀疑意识、批判意识和探究意识；另一方面有利于培养其科学精神，既敢于对各种知识进行置疑和反驳，又对各种意见和观点保持一份理解和宽容。

2. 由单纯智力培养转向人文关怀。以知识的"中立性"、

"永恒性"为理念基础的教学目标观片面强调知识的基本结构、基本概念和基本原理，注重系统知识的掌握和知识本身的逻辑体系，强调发展学生的智力合理性。这种"唯智主义"的教学目标把人当作"工具"、"容器"，学生完全丧失了作为独立自主个体的地位和意识，由"人"变成了"非人"。教育的目的是培养人，课程目标是为培养人而设计的，它应体现一种人文价值取向，将培养健全或完整的人格放在首位。教学目标的选择应立足于知识的价值性、个体情境性，注重个体对知识的体验和反思，尊重个体的感觉，强调人的自由、个性发展和人格完善，加强与社会生活之间的联系，关注生命，融入生活，体现生命的意义和价值，从而使教学目标超越"知识理性"走向全面的人文关怀。

（二）教学内容：单一性到多样性

以"理性主义"、"工具主义"为意旨的现代科学范式，把纷繁复杂、异彩纷呈的现象世界规约到科学知识的门下，漠视其他知识的存在。学校教育中教学内容的选择以科学知识为唯一标准，课程形态体现为单一的学科课程。就连最富人文意蕴的语文学科也去追求科学性，企图构建一种普适的科学模式。学校教学内容应打破科学知识一统天下的局面，选择多样化的知识，以满足个体不同的知识需求。就目前而言，笔者认为，教学内容的多样性，应通过选择下列知识为教学内容来体现。

1. 增加策略性知识。策略性知识是关于如何认知、如何学习的知识，也就是方法性的知识。按照后现代对知识的认识，向学生灌输客观现成的知识是一种错误的选择（起码不是唯一的选择）。应交给学生如何认识世界、探索世界、创造性的认知方式等策略性知识，在策略性知识的掌握学习中培养学生的怀疑批判意识、探究和创造能力。

2. 加强人文知识。"科学主义"的知识观视人文知识为

"非科学和不成熟"的知识，这导致了人文知识的式微和学校教育中人文课程的衰落。人文知识的教育对受教育者的成长和发展起着方向性作用，无论对学生人生观、世界观、价值观的培养还是德性培训、情感陶冶和个性完善都是其他知识所无法替代的。而所谓科学知识只是实现人性发展的基础和条件，失去了人性发展的方向，无论基础多牢固、条件多丰裕，只能培养出没有思想和灵魂的"机器"，因此加强人文知识的教育已是当务之急。

3. 开发本土知识。虽然目前对本土知识的认识还存在分歧，但一些基本观点已被认同，如本土知识是一种地方性知识、区域性知识、民族性知识。我国是一个历史悠久、民族众多的国家，有着丰厚的文化底蕴，积累了丰富多样的本土知识。它是我们祖辈文化观、价值观和思维方式的体现，是我们发展的源泉和动力。传统教学观一味强调科学知识的学习，忽略反映各民族自身文化观、价值观的本土知识，无异于切断了我们发展的根基。随着现代科学知识"客观性"的被证伪和后现代知识"文化性"、"价值性"的确立，本土知识应被开发出来作为学校教学的一项重要内容，选择、保存、传递和发展本土知识应成为学校教育的一项重要使命。

（三）教学过程：静态封闭性到动态生成性

从我国现行的《教育学》、《教学论》等教材看，对教学过程本质的论述虽然观点不尽一致，但大都没有超越"特殊认识论"的范畴，教学过程的程序和步骤依然遵循苏联凯洛夫的观点，即根据人的认识特点把教学过程分为感知教材、理解教材、巩固知识、运用知识等几个环节。以"特殊认识论"为哲学基础，以掌握、理解、运用知识为目标，教学过程呈现线性的、静止的、封闭的状态。教师机械的教，学生盲目的学，教学失去了应有的生机与活力。新的教学观认为，"教学过程不是一种单纯的认识过程，更是生命意义的发生、创造与凝聚的过程".[①] 因此，要从生命的高度，用动态生成的观点看待教学过程。教学新理念把教学过程从传统的"特殊认识过程"提升到新的层次，让课堂焕发出生命的活力。"课堂教学应被看作是师生人生中一段重要的生命经历，是他们生命的、有意义的构成部分",[②] 教学过程就是师生生命活动的展开过程，是动态生成的，而不是静态预设的。教学中不再追求固定僵化的教学模式，所呈现的材料（知识）也不再是简单用来认识和利用的"物"，而是铸造生命的素材。师生之间不再是授受式的"我—他"关系，而是交往对话式的"我—你"关系，师生双方尊重彼此"视界"差异，敞开心扉，坦诚交流，启迪智慧，充盈着生命发展的无限张力。

（四）教学评价：机械功利性到理解发展性

教学评价作为对教学过程与教学效果的价值判断，受教学理念的支配。随着后现代知识观的确立，教学评价的基本理念应从"知识中心"转向关注人本身，从对知识的记忆、理解、判断、综合及简单应用转向人的主体性发展。教学评价应克服过去一元价值倾向和科学主义模式，走出以智育至上、以学生的成绩为准绳的机械功利主义的泥潭，倡导理解性、发展性的评价理念，尊重主体的多元选择。

1. 理解性。传统教学评价采用纯客观的手段、实证化的方式，见物不见人，忽视学生的主体性存在，造成教学评价的错误判断，误解评价对象，丧失教学评价的应有功能。教学评价一定

---

① 辛继湘：《新课程与教学价值观重建》，《课程·教材·教法》2003 年第 4 期。

② 叶澜：《让课堂焕发生命的活力》，《教育参考》1994 年第 4—5 期。

程度上是评价者采取一定方法和手段对教学参与者进行教学评价的基本态度。教学活动是各种主体参与其中的复杂活动，评价者应以民主、平等以及欣赏的心态去理解他们，以理解的态度综合归纳各种信息，对整个教学活动作出客观公正的分析判断。注重评价标准的弹性和生成性，多进行形成性评价，不做过多的终结性评价。评价过程中评价者要与被评价者展开充分的交流与对话，融入评价对象的活动中，对各种现象进行理性的、实事求是的考察和反思，然后才能做出合理的评价。

2. 发展性。教学评价一方面是对已然的教学活动作出价值判断，另一方面，更重要的是为未然的教学活动提供依据和借鉴。因此，教学评价在本质上是发展性的而不是终结性的。传统教学评价以知识的掌握程度为基本评价标准，仅凭一两次考试对学生做出结论，进而冠以优秀生、中等生、差生的"头衔"，把教学评价当作是静止、固定、僵化的终结性评判，忽视了教学评价的根本价值取向——发展性。事实上，人是不断发展着的个体，"一个人的整个一生只不过是使他自己诞生的过程，事实上当我们死亡的时候，我们只是在充分的出生"。①教学评价的最终目的是指向学生的充分发展，因此，在教学评价过程中评价者应立足于学生的发展来制定评价标准、确立评价方式。目前我国正在进行的基础教育课程改革，其基本目标就是改变过于注重知识传授和书本知识的倾向，强调形成积极主动的学习态度和正确的价值观，加强课程内容与学生生活的联系，培养学生的创新精神和实践能力。对后现代知识观的分析、探讨、评判、借鉴以及在此基础上形成的新的教育教学理念，将会使我们更深入地认识这次课改的意义和实施新课程产生的积极影响。

---

① 联合国教科文组织：《学会生存》，教育科学出版社1996年版，第112页。

论教师教学风格的养成

当前，教师的专业化发展问题已经成了国内外教育理论界研究的重点内容，而教师专业发展阶段理论在其中起着支柱性的作用。国内外已有很多专家和学者对教师专业化发展阶段进行了深入研究，但到目前为止还没有得到统一的理论。而纵观这些理论，可以发现他们都一致认为教师发展会经历一个成熟期，在那里教师得到了充分的发展。在这个成熟期里，教师有一个发展的最高境界，那就是教师形成了个人独特的教学风格。目前，在我国几乎所有的小学对于教师教学风格所持有的态度都是：有则鼓励，但不强求。同时能够意识到形成个人风格重要性的教师也寥寥无几。究其原因，是由于人们对风格还没有更深层次的理解。风格给人们的印象是既不属于知识的范畴，也不属于技能的范畴，它是知识、技能达到一定程度的一个副产品，没有它并不影响正常的教学，也不影响升学率。因此，学校、教师不会把教学风格形成与否作为评价教师的标准。

一 教师教学风格概述

（一）教师教学风格的含义

中国古代的风格一词，最初是指人的风格和品格。"风"是风采、风姿，指人的体貌；"格"指人的人格、德行；合起来就是对人的品貌的全面评价。魏晋时期士大夫在品评人物的时候，常常用风格一词来表示人的品质。后来，梁代的刘勰最先将风格概念引进文艺理论和批评，从而由品人过渡到品文。在国外，风格一词本义是一个长度大于厚度的不变的直线体，意即雕刻刀。后来，风格一词表示组成文字的一种特定方法，而在全部艺术领域内（绘画、雕刻、音乐等），人们说到风格总是意味着通过特有的标志在外部表现中显示自身的内在特征。现在风格一词被广泛地应用于一切的艺术领域，用以说明艺术作品到达高度成功时方具备的重要标志。

依据以上分析，教学风格是指教师在长期的教学艺术实践过程中逐步形成，符合时代要求、富有成效的教学观点、教学技巧和教学风度的独特结合和表现，是教学艺术个性化的表现。教学风格是教育艺术的成熟、教学效果获得成功的标志，是教师在教学实践中长期努力的结晶；是教师在教学过程中处理教学内容、组织教学活动、选择教学手段、运用教学语言以及教师的仪表、风度等诸种因素表现出来的独具特征的风貌。它贯穿了教学的全过程，并能被人们所品评与体验。

（二）教师教学风格的特征

教学风格的特征是教学风格本质的外在表现，只有真正认识和准确把握教学风格的基本特点，才可使教学风格成为每个教师在教学实践道路上的自觉追求。虽然研究者对教学风格的本质有不同的认识，但是关于教学风格的特征，则在一定程度上达成了共识，认为教师教学风格应该具有以下特征：

1. 独特性

教师教学风格成熟的最重要的标志，就是它的独特性。独特是风格的生命，几乎所有优秀教师，他们成功的主要原因，就是在教学方法上具有某种特别迷人的地方。席勒曾说，最理想的风格就是具有"最高度的独特性"。甚至有人断言,"没有独特风格的艺术就会消亡"。每一个具有教学风格的教师在教学活动中都不同于其他教师,即使是对相同材料的处理,不同的教师也会表现出其自身的风格。

2. 丰富性

成熟的风格之所以产生巨大的魅力,不只是来自独特性,还来自与此相对应的丰富性。从教师来看,各位大中小学教师的特性不同,所教学生不同,教学内容有异,构成了不同的教学风格。所谓万变不离其宗,但要万变,说的就是这个道理。并且,只要是能取得好的教学效果,什么样的教学风格都是应当肯定的。

3. 稳定性

对于成熟的教学风格来说,相对稳定也是必不可少的特性。这不仅是因为任何成熟的东西都是相对"稳定的",更主要的是由教学规律决定了的。教师教学风格的相对稳定性是一个教师只为他个人所独有而他人所无的风格的表现。教学过程是一个系统,没有相对的稳态,它的内部就会出现紊乱,系统就不能正常运转。

4. 动态性

教师教学风格的形成有一个动态的发展过程,从无风格到有风格再到形成自己独特的教学风格。已经形成的教学风格具有稳定性,但是,教学风格的稳定性是相对的,发展性则是绝对的。绝对不变的人和绝对不变的教学风格都是不存在的。

5. 审美性

教师教学风格不是方式方法的机械重复,而是多样性的精妙排列,它在教学活动中表现出极高的审美价值。不少人说,听一堂好课,就是一次艺术的享受。这就说明了教学风格不仅仅具有独特性、发展性,也具有审美性,具有独特风格的教学往往能给听众带来美的享受。

（三）教师教学风格的类型

由于每一位研究者对教学风格都有自己独特的看法，关于教学风格的分类也就有许多不同的看法，以下是国内外一些较有代表性的关于教学风格类型划分的看法，主要将教学风格分为四种类型。

1. 逻辑型

这种风格类型的教师治学严谨、朴素踏实、审慎致密。有系统扎实的专业知识，在思维方法上以演绎法居多。强调知识掌握及对学生能力发展的促进作用。教学语言的书面语色彩浓厚，常有完备的教案。讲述时条理清晰、逻辑分明；自上而下、结构严谨；循章据典、一丝不苟。语言流畅而平稳，往往把学生带入到严密的思辨过程之中。教师本人举止端庄、自然大方，既无矫揉造作之言，也无狂傲轻慢之态。在整个课堂中洋溢着理性的情调，这种教学风格易产生于理工科类的教师，同时也特别适宜于高中及高中以上年段的学生的教学。这种教学风格的教师在采用各种教学方法时，均强调知识经验的接受和掌握。故教师在教学中的主导作用得到了充分的发挥。

2. 艺术型

这种教学风格的教师本人就像一个艺术家，其知识结构的表征具体而形象。常偏好于富有情感性、形象性的内容。他常要求学生充分自主自律地去感悟知识，而教师只起画龙点睛的作用。教学语言显得清新明丽、情深意浓；声发于情，理亦融于情。语言的可受性、乐受性极强，一字一句无不撞击学生的心灵。教师本身对所教学科的热情和对知识奥秘的深微体察，加之自由自在、不具一格的教学态度常把学生带到体物融情的境界。其一言一行无不度外法中，别出心裁更是给人以超凡脱俗之美。这种教师的教学与其说是传授知识给学生，不如说是传授热情、风范和灵感。志在启发学生的灵智，调动学生的潜能。在教学方法的采用上常常也是别具一格、不落俗套。对文史、艺术类的教学是其之所长。特别是那些掌握了一定基础知识的学生更是受益匪浅，所以在大学教师中最为多见。这种教学风格得在能充分调动学生的情感因素、启迪学生的感悟能力；失在理性不足，知识的系统性、逻辑性不强。

3. 启发型

教师对所教学科有较深入的研究，对某些内容有一定所得。在思维方法上以归纳为主。论及有关内容时，能做到纵横捭阖、影射现实，不囿于题，而题自得，学生所得也远超过了课堂之内的东西。教师不用做作、不必故弄玄虚，本身就有一种独特的风采。与其说像个学者，不如说更像一个思想家。在教学语言上，无论是叙述、评断，还是演示、论证，都带有很强的启发性。既意寓深邃，又不失诙谐幽默、机智风趣；用语清晰明白，又不失精妙；一个极平常的词，也能给人以既妙趣横生又鞭辟入里之感。确有一种化腐朽为神奇之功，常使学生达到情理相融的境界。教师在采用各种教学方法时均注意开导、启发学生的思维，激发学生的探究精神，培养学生的能力。同时对学生主动性要求较高，故而指导程度相对也就较少。

4. 温和型

这种风格的教师为人和蔼可亲、循循善诱，恰如一个质朴的教育家。对学生如子女、伙伴，没有丝毫的做作，亲切程度往往可达到开玩笑的程度。教学语言极为口语化、大众化，深入浅出、通俗易懂。既没有炫耀弄得深奥莫测，也不过分迁就讲得庸俗肤浅，毫无含糊晦涩之感。加之语言生动活泼、直观形象、语调舒缓、饱含温情，真可以说是以细微浅近之语阐述至善至美之理，达到了绚丽至极、归于平淡之境。这种教师不管是在教学内容的选择和安排上，还是各种教学方法的采用上都有一种化繁为简、化难为易之能，达到了时雨化人之境，常使学生在不知不觉、轻松之中掌握了知识、发展了能力。故而特别适用于小学生的教学。这种教学风格得在亲切、浅近，充分体现了师生交往之道。

（四）教师教学风格的组成要素

1. 教师教学风格组成的内在要素

（1）高尚的人格、品德，良好的师德风尚。一位教师内在素质好，有坚定正确的政治方向，高尚的道德情操，兢兢业业的工作态度、精益求精的教学方法、严谨认真的治学风格，在言传身教中让学生在心理上有了对教师的信赖感。

（2）具有浓厚丰富的情感。教学中教师的情感浓淡如何，是构成教学风格的基本要素。我们强调教师在课堂上要有"精神"，要有感染力，就是指教师要有丰富的情感。

2. 教学风格组成的外在要素

（1）语言简练精确、音调和谐、语速恰当，富有个人特色。教师的教学语言是最能表明一个教师的教学风格的。不同教师的教学语言风格是不同的。总之，语言符合语法规范，语义清晰明了，语言明快流畅，语调抑扬顿挫，语句变化有序，辞章铺排得当，表达巧妙细致，使学生听觉上有一种如醉如痴、仿佛达于胜境之感。

（2）教学方法新颖、巧妙，具有独创特点。具体表现在：对教学内容的处理重点突出，每位教师都有自己独特的教学方式。

二 影响教师教学风格养成的因素

教学风格的形成和发展主要受两大方面的影响即内因和外因，下面我将详细地介绍这两方面的影响因素。

（一）影响教师教学风格养成的内部因素

1. 教师的敬业精神

教师的敬业精神是教师风格形成的基本条件，这种精神具体表现为热爱教育事业，爱学生，努力钻研业务。

2. 教师的知识水平

知识是连接教师和学生的一条纽带，教学风格的形成和发展受教师知识水平的限制，教师对学生的影响是全面的，绝不限于某一专业领域。一个深受学生敬佩的教师，是靠他广博的文化科学知识，独特的教学方式赢得学生信赖的。

3. 教师的能力

教师教学风格是教师所具有的教学能力的综合反映。教师的专业知识水平和组织能力是教师在讲台上赖以立足的两根支柱。教师在熟练地掌握专业知识的基础上，应具有综合运用知识的能力，并能够把专业知识进行加工整理，化繁为简、深入浅出，以独特的教学个性和教学艺术驾驭学生，营造出活跃的学习气氛。

4. 教师的修养

教师承担着神圣光荣的使命——承前启后，继往开来，为国家为民族培养人才。教师的修养水平直接影响着教学风格。具有较高修养的教师，他对知识的传递比较重视系统性，教材处理重视结构性，重点问题重视深入浅出，提问方式注重提示和巩固教学内容，能够用较强的逻辑思维和灵活的教法把知识传递给学生，使学生感到听老师的课是一种艺术上的享受。

（二）影响教师教学风格养成的外部因素

1. 受教育程度

在一名教师的成长和教学风格的形成过程中，教育起着重要的作用。在全面掌握科学理论知识的基础上，教师精通一门或几门专业知识，从而能够系统地掌握科学知识体系，了解相关科学的发展，这是非常重要的因素。

2. 模仿与学习

教师在自己的教学风格形成中可能会仿模别人，因此，教师间相互交流，相互听课，相互学习，就能取长补短。随着科学技术的发展，新知识、新理论的创立要求教师要不断地学习进取，使自己的教学风格在原有的基础上有新的发展。

3. 激励机制

激励机制在教师的教学风格形成中起着不可忽视的作用。教师在教学劳动中的成果被肯定会激发他更加努力地去工作，发自内心地去奋斗，以实现更高的目标。因此，学校领导应积极组织公开课观摩教学，培养骨干教师成为教学能手，强化教师基本功训练，促使每个教师都能培养自己的风格，综合反映整体教学质量。

三　教师教学风格养成的阶段和途径

（一）教师教学风格养成的阶段

一名教师从开始从事教学职业时的无风格教学，到逐渐成熟，形成自己独特的教学风格，一般总有一个发展的过程，其间的发展又可划分为若干阶段：模仿阶段、探索阶段、创造阶段以及独特风格阶段。

1. 模仿阶段

新教师由于缺乏教学实践与经验，模仿较多，创造性少，对课堂教学的规律性、学生学习的特点还处于了解与认识阶段。对于一个新教师来说，积极模仿是必要的，但教师自身不能消极停留在这一水平上，而应在模仿、借鉴他人经验的同时，结合自己的实际，认真思考、消化和吸收适合自己特点的有益的"内核"，努力发现和总结自己在教学中的实践经验、教训，以充实自己在课堂上的"自立"因素。

2. 探索阶段

随着教师的积极努力和教学工作经验的积累，在课堂教学工作中开始摆脱模仿的束缚，逐步进入探索阶段，教师开始有意识研究课堂教学艺术形式与效果。心理学研究表明，一个人的个性心理特征虽不是绝对不能改变的，但个性特征一般具有相对稳定性，一旦成型，很难改变。因而教师教学个性的培养要特别注重"因性以练才"。

3. 创造阶段

这一阶段的特点突出表现于：教师对教学方法的改革与综合运用，探索和研究课堂教学的最优化方法，追求课堂教学的最优教学效果，力争使每一个学生得到最好的发展。在课堂教学实践中教师不断地创新与开拓，会使教学艺术发挥出明显的效应。

4. 独特风格阶段

在这一阶段，教师的教学艺术风格在教学过程的各个环节都具有独特而稳定的表现，体现出浓厚的个性色彩，散发出诱人的魅力。在教与学的规律指导下，教师能和谐恰当地把课堂教学艺术风格融入教学实践之中，教学效果与质量不断提高。这一阶段的教学特征主要表现为教学的独特性和教学个性在教学过程的各个环节、各个方面都具有科学而稳定的表现，教学活动中处处闪烁着创造性的火花和浓厚的个性色彩。

教师的教学从"无风格"到形成"有风格"一般总是遵循由低级阶段到高级阶段的顺序发展。在这种顺序的发展过程中，教学的模仿性越来越小，而独特性和教学个性成分越来越多。当教学的独特性和教学个性发展到一定程度，呈现出科学的、稳定的状态时，也就标志着教学风格的形成。

（二）教师教学风格养成的途径

1. 培养良好的师德

对教育工作的热爱是教师创造性完成教学任务的重要心理品质。只有这样的教师，才会把教育作为一种艺术性事业来认识和追求，才会有良好教学风格的形成。教学风格终究是教师人格的折射，因此，教师人格美的培养，是良好教学风格形成之本。只有高尚的人格美，才能创造美的教学风格。

2. 刻苦学习，练好教学基本功

教学风格不是靠外部表面的模仿就可以得到的，它是一种内在东西的自然展现。古人说得好："满腹经纶气自华。"所以，教师应掌握扎实的专业知识及相关学科的知识，不断学习、注重知识积累和更新，刻苦锻炼教学基本功。这样就能在教学中做到厚积而薄发。

3. 继承发展，勇于创新

在教学风格的形成中，既要博采众长、为我所用，也要根据自身的特点，独辟蹊径、独树一帜。这就要求一方面虚心求教，特别是向优秀教师学习，结合自身的教学情况，善于模仿、活学活用；另一方面要有敢于创新的精神，在积累的基础上，不断地超越别人、超越自己。这样，良好的教学风格就会渐渐形成和发展起来。

4. 努力使自己从"本色"教师发展成为"性格"教师

教学风格由于和教师的个性紧密联系，所以一旦形成就难以一下子改变。但教学条件随时随地都在发生着变化，这就要求教师的教学风格也有一定的应变性，成为一个"性格"教师。本色教师指只能在某固定条件下方能体现出教学风格的教师，而性格教师则指其教学风格应变于各种不同教学条件的教师。

论校本教研的基本理念

"校本"（school – based）是一个外来的概念，在西方的教育历史发展进程中有着悠久的历史渊源，具体形成一种理论和实践范式则产生于 20 世纪中叶前后英美等国家兴起的"校本课程运动"，在这一运动背景下校本教研也随之兴起。当时人们认识到没有学校的参与，尤其是没有教师参与的教育研究，就无法使研究成果真正运用于教育实践。我国的校本研究起步较晚，直到世纪之交随着新一轮基础教育课程改革的发轫，尤其是国家课程、地方课程、学校课程三级课程管理模式的确立，"校本××"的理论研究和实践探索成为新课程改革中被广泛关注的焦点，校本教研才被真正提上议事日程。校本教研就是以校为本的教学研究的简称，目前见诸文献资料的定义不下十几种，似乎莫衷一是，但基本可以理解为：将教学研究的重心下移到学校，以课程实施中教师所面临的各种具体问题为对象，以教师为研究主体，理论和专业人员共同参与，在理论指导下进行实践研究，既注重解决实际问题，又注重经验的总结、理论的提升、规律的探索和教师的专业发展。

一　凸显学校本位

在现实的教育实践中，中小学教师也在从事教学研究，但在传统的僵化的国家课程模式下，教师的教学研究是在指令性的教研任务约束下进行的被动研究，其研究行为是在一种他律的不自主的状态下进行的。在上级主管部门所制定的形形色色的条文的规约下，学校和教师只是一个循规蹈矩的执行者，教学研究缺乏生机与活力，更遑论创造性。在新课程背景下，随着三级课程模式的推行和学校自主权的日益扩大，学校和教师的本体地位越来越得以凸显，"学校由教育活动的工具存在（空间存在）转向本体存在，由教育决策的边缘走到教育决策的中心，成为自我、自律的文化主体"。① 学校作为教育的真正发生地，是教育改革的基点，是教育的中心和灵魂，发展教育必须通过发展学校来实现，提高教育质量必须通过提升学校教育能力来实现，新课程只有依托和落基于学校，还学校应有的文化自主性，才能真正顺利推行。校本教研，顾名思义，只有以校为本，立足于学校，凸显学校特色，才能真正彰显其生命力，体现其意义和价值。校本教研的"校本"性主要体现在以下几个方面。

1. 在研究的价值取向上是为了学校的发展

"校本"内涵的理解最典型的一句话就是"为了学校、在学校中、基于学校"，即教育教学是立足学校自身，在学校中以校长和教师为主体，为了学校的发展和特色的创建而进行的教育实践活动。校本教研作为"校本"的下位概念，其价值取向是指向校本的，也是为着学校的发展，为着学校教师的专业成长和学校教育教学质量的提升，促进学校个性化、人本化的建设和学校特色文化的形成。当然这一系列的价值追求归根结底也是为了学生的发展。

2. 在研究视角上是基于学校教学中的实际问题

校本教研是以课程实施过程中学校所面临的各种问题，尤其是课堂教学中教师和学生面临的实际问题为研究对象的，目的是

---

① 余文森：《以校为本的教学研究》，《教育研究》2003 年第 4 期。

通过教研解决实际的教学问题，促进教育效果的达成，使教师和学生在问题的解决过程中共同发展。因此，校本教研不像理论研究那样提出假设，通过文献资料的搜集和逻辑的推衍和思辨，得出规律性的原理和理论，而是立足微观，以日常教学中遇到和亟待解决的问题为视角和切入点，以实际问题的解决为目的。在研究方法上，不囿于某个学科和原理的理论识见，而是"会主动吸纳和利用各种有利于解决教学实际问题并提高学校教育质量的经验、方法、知识、技术和理论"。[①] 从这一角度讲，校本教研属于综合性的研究。当然校本教研把研究的视角定基于教学中的实际问题并不等于漠视宏观的原理和一般的结论，"它只是更强调从具体、特殊到一般和普遍，更强调已有的原理和结论从抽象到具体的过程，更强调已有的决策和理论都需接受学校实践的检验、休整、补充甚至证伪"，[②] 亦即校本教研虽然在主观上是以解决实践问题为出发点，但在研究的过程中，其研究的成果在客观上会带有一般原理的特性或者为理论研究点亮思维的火花。

3. 在研究范围上是学校中的研究

校本教研不是在"书斋"里，在庞杂的文献资料里进行的思维推论，而是在学校中，在学校的实际生活中进行的研究。它研究的问题是学校产生的问题，研究者是学校的教师，研究的目的也是为了学校自身的发展和学生的成长。同时任何一所学校都是具体的、独特的和不可替代的，所具有的复杂性和矛盾性是无法同其他学校做简单类比的，正所谓"麻雀虽小，五脏俱全"。虽然，不可否认，从教育发展整体考察学校具有共同性，但从个体的角度考察每所学校的差异性和特殊性是显而易见的。尤其在三级课程管理模式正在推广和实施的今天，随着课程权力的下移

---

① 郑金州：《走向校本》，《教育理论与实践》2006 年第 6 期。

② 同上。

和学校自主权的扩大，学校之间的差异性和特殊性将更加显著。所以校本教研只能在学校中，经由校长和教师对本校状况的深刻把握和对学校问题的深入分析和考察，获得经验性的体认，在此基础上再展开具体研究才能真正使校本教研成为学校之中的研究。

二　校本教研是一种行动研究

社会科学研究一般分为两种形式：一种是理论研究，主要是通过对大量现象和事实的搜集整理，寻找其中规律性的东西。另一种是行动研究，行动研究作为社会领域的一种研究方法兴起于 20 世纪前半叶。关于行动研究的内涵，国内外学者的看法不尽一致，英国学者艾略特认为，"行动研究是通过对社会实践情境的研究去提高情境行动的质量，为实践者自我评估和专业发展建立一个必然的联系"。[①] 英国课程学者麦克考南认为，"行动研究乃一反思性过程，在一个给定的问题领域人们希望借此过程而改进实践或加深对问题的个人理解。行动研究是由实践者着眼于该项实践而做出的系统的、自我反思性的科学研究"。[②] 美国学者麦克纳提出，"行动研究是一种运用科学的方法解决课程问题的系统的自我反省探究；参与者是这种批判性反省过程中和反省探究结果的主人"。[③] 我国学者认为，行动研究是"教师与专业研究者联系起来，至少是教师之间联

[①] Elliot J. , Action‐research: A from Work for Self‐evaluation in Schools, Working Paper, No. 1, *Teacher‐Pupil Interaction and Quality of Learning*, London Schools Council (Mimeo) , 1982, p. 1.

[②] 单丁：《课程流派研究》，山东教育出版社 1998 年版，第 238—239 页。

[③] Kemmis S. , Action Research, in the *International Encyclopedia of Education*, ed. by Husen T. 1983, p. 35.

系起来，共同进行教学研究"。① 把行动研究与教育研究相联系亦即在教育行动研究中我们可以归纳出以下几种共同特征：（1）教育研究应指向实际的教育活动情境，与教育实践活动保持一致。（2）教育研究的最终目的是改进教育实践活动和提高教师的教育行为质量。（3）教师与教育理论研究者应共同参与教育研究活动。从行动研究的有关论述中，我们可以得出：校本教研的真正内涵就是行动研究，是教师作为研究者，在教育实践中为解决实际问题和困难而进行的一种实践研究，当然这种研究也少不了专业研究人员的参与和帮助。校本教研作为一种行动研究体现出以下几个基本特性。

1. 教师是研究主体

传统的教育研究理所当然地被认为是教育理论工作者的事，教师只是教育理论和教学任务的表达者和执行者，这种人为的分工及其以此建立的教育教学机制使广大教师对教育理论及其研究讳莫如深以至过于迷信和盲从，"使他们主动认识问题、解决问题的意识和对自己教育行为的反思意识逐渐削弱、淡化，导致教师的日常教育实践活动成为一种单纯执行任务式的机械的规程"。② 教师的任务就是"传道、授业、解惑"，就是按照教学大纲和教学计划进行知识的灌输，教师无权也不能对教学进程及其中的问题进行反思、探究和创新。实际上，在教育实践活动中，教师作为当事人对教育教学所面临的问题具有更真切的感受和体认，他们身处教育教学第一线，是教学这部剧的"主角"，只有他们才处于最佳的研究位置，具有最佳的研究机会，他们是最有资格从事教学研究的人。实践证明，没有教师参与的教学研究就

---

① 崔允漷、施良方：《教学理论：课堂教学的原理、策略与研究》，华东师范大学出版社 1999 年版，第 397 页。

② 张天宝：《论教育的行动研究》，《中国教育学刊》2001 年第 12 期。

无法使教育研究成果真正反映教育教学的现实状况，教育研究成果也就无法运用到教育教学实践中去，造成理论和实践的脱节。最早提出"教师即研究者"的英国课程专家斯腾豪斯就指出，"如果没有得到教师这一方面对研究成果的检验，那么就很难看到如何能够改进教学或如何能够满足课程计划。如果教学得到重大改进就必须形成一种可以使教师接受的，并有助于教学的研究传统"。① 有学者指出斯腾豪斯的"教师即研究者"及其对教师参与研究的相关论述是校本研究的倡导和发端，为教师进入教育教学研究这块"禁地"吹响了战斗的号角。教师成为研究者，成为研究主体是校本教研的题中之义，这意味着教师不能被动地等待着研究成果的输送，而是主动承担起教学研究的重担。对他人的研究成果也不能不假思索地照搬，而是能动地在教学实践中进行辨证的补充、修正和创新。同时教师要确立研究意识，以研究者的心态置身于教学情景中，以研究的眼光审视、分析和解决教学实践中的问题，把教学研究与日常教学实践一样作为自己职业生活的一部分。教师真正成为研究的主体应该做到：（1）具有主体意识，教师要改变传统教学中按既定教学计划、教学大纲和教材进行照本宣科式的教学方式，与教材对话，与学生对话，成为能动的教学实践者而非被动的执行者，要驾驭教学过程，进行探究和反思性的教学实践，成为教学的主体，确立自身的"主人翁"地位，在此基础上的教学研究才具有生命力。（2）具有问题意识，科学研究是从质疑和问题开始的，作为研究者的教师首先要培养自己的问题意识。所谓问题意识就是指对问题的思维敏感性，对问题保持心理上的警觉。教学中的问题无处不在，在教学过程中要不断审视、思考、质疑、探索、反思教学中的各

---

① 瞿葆奎主编：《教育学文集·教育研究方法》，人民教育出版社1990年版，第16页。

个细节，提炼出问题为进一步研究打基础。（3）具有合作意识。行动研究的基本内涵之一就是合作性，它既需要实际工作者和理论工作者的相互协作，更需要实践工作者内部的协作。校本教研强调教师的主体性，但不是唯一的研究主体，需要与校外专家、教育行政人员以及家长和学生的紧密协作，尤其是与专业人员的协作。有人指出，专业人员也应作为校本教研的主体是有道理的。专业人员为教师提供理论和技术的支撑，引领教师的专业成长，与教师共同研究并形成研究共同体。教师只有站在更高的角度与专业人员和其他人员展开合作与对话，培养合作意识，才能使校本教研获得广泛参与和支持，才能使研究真实、翔实并且扎实。

2. 研究回归实践

行动研究属于实践研究，随着世界范围内校本运动的深入展开，教学研究要求向学校回归，向教师回归，向教学实践回归已成为世界教学研究的共同趋势。教学研究应走出"象牙塔式"的研究，从理论的角度讲就是从理论的教学论走向实践的教学论，从实践角度讲就是从"书斋"研究走向课堂研究。这种教学研究已获得了教学理论的有力支持，目前的教学论研究已经逐渐由理论研究转向实践研究，从"书斋"式的纯理论研究回归到对课堂教学生活的研究。[①] 这种研究要求"研究者把自己的教学作为研究的对象，用自己的教学观念世界观照、审视自己的教学生活世界"。[②] 作为研究主体的一线教师要成为自身教学的反思实践者，把研究融入自己的教学生活中，使教学和研究密切结合。从研究问题来看，教师研究的问题直接来自于他们在教育教

---

① 王鉴：《实践教学论：回归课堂生活的研究》，《教育理论与实践》2003 年第 10 期。

② 徐继存：《教学论导论》，甘肃教育出版社 2001 年版，第 76 页。

学实践中的需要；从研究过程看，教师的研究是在自己的教育教学中进行的，并与自己的教育教学活动密不可分地交织在一起；从研究的目的看，教师的研究主要是为了解决教育教学实践中的问题。可以说，实践性是中小学教师教学研究的最根本特征。"对中小学教师而言，不能解决自身教学问题的研究，就不能提升教学水平和提高教学质量，不能促进自身专业发展的研究，就不是真正意义上的教学研究。"① 对教育理论工作者而言要树立实践观念，要有目光向下的气魄和胸怀，要走出"书斋"，走向纷繁复杂而又充满魅力的学校生活第一线，要深入课堂教学，深入到教师和学生中间，从与教师学生的亲切交流中，在听课评课的过程中，甚至在亲自上讲台为师生讲课的过程中，去归纳、概括、提炼、升华、构建出具有时代精神的指导力强的生动活泼的教学理论。

3. 研究过程的民主性和合作性

从行动研究的相关表述可以看出，行动研究是一种多方参与的、民主合作的研究方式，其中最基本的合作形式是理论研究者与教育实践工作者的合作。在以往的教育研究中，理论研究者与教师处于分离状态，理论研究者旨在追求逻辑理性和构建理论，研究方式主要通过文献资料和逻辑思辨，基本不顾及学校的实践生活，而广大教师在教学中只按照教学计划、教学大纲和教材所构筑的"蓝图"施工，不去质疑和反思自身的教学行为，由此造成了教育理论与教育实践的严重脱节，造成教育理论表述得过于抽象，不能为广大教师所理解，而广大教师对教育研究讳莫如深，对开展教育研究的积极性不高。作为行动研究的校本教研所倡导的是教师与教育理论工作者的相互合作、平等对话，共同促进和提高。教育理论工作者要放弃所谓的"权威"和专家地位，

---

① 余文森：《论以校为本的教学研究》，《教育研究》2003 年第 4 期。

要眼睛向下，不眼高手低，要充分认识到自己虽有理论和思维优势，但缺乏实践经验和实践智慧；教师也不能自我贬低，甘做"小学生"，要充分认识到自己的实践优势。双方本着实事求是的态度，进行坦诚的合作、对话与交流，彼此取长补短，教研相长，使教育教学研究成为一种民主开放的过程，促使教育理论工作者的理性智慧与教育实践工作者的实践智慧的融合，其结果就是两者达到"双赢"。教育理论工作者通过与教师的合作，与教学实践的结合，使其理论和思维水平进一步深化和升华，有助于真正理论知识的构建，而对教师而言则直接改变了教师的教育观念和教学行为，使其认识到自己不仅是教学的主人，也是研究的主人，从而更加能动地从事教学实践和研究，不断提升其生存状态和生命质量，使教育实践活动成为教师实现自身生命价值的过程。

三　校本教研的基本方式是实践反思专业引领同伴互助

福建师大的余文森教授认为，教师个人、教师集体、专业研究人员是校本教研的三个核心要素，三者的教研活动和相互协作构成了校本教研的三种基本方式即教师个人的实践反思、教师集体的同伴互助以及专业研究人员的专业引领。

1. 实践反思

"反思"单从字面意思来理解似乎是对过程结束后行为结果的再思考。其实这只是其中的一层意思，真正的反思是伴随整个活动始终的，是对整个活动的能动的警觉、质疑和追问，以此发现实践过程中的问题并及时解决问题，提升实践活动的质量和水平。教学实践中的反思是教师以自己的教学活动为对象，对自己教学行为及由此产生的结果进行审视和分析的过程，"是一种理解与实践之间的对话，是这两者之间的相互沟通的桥梁，又是理想自我与现实自我的心灵上的沟通"。① 教师一方面进行具体的教学实践，另一方面不断反省、思考、探索和解决教学过程中的各方面问题，实践反思具有研究的性质，是校本教研中最基本的力量和最基本的形式。按上述立论，教师教学实践中的反思应分为教学前、教学中和教学后三个阶段。在教学前进行反思，这种反思具有前瞻性，能使教学成为一种自觉的实践，并有效地提高教师的教学预测和分析能力；在教学中进行反思，即及时地在行动过程中反思，这种反思具有监控性，能使教学高质量、高效地进行，并有助于提高教师的教学调控和应变能力；在教学后进行反思，这种反思具有批判性，能使教学经验理论化，并有助于提高教师的教学总结能力和评价能力。通过反思教师不断更新教学观念、改善教学行为，提升教学水平，同时形成自己对教学现象、教学问题的独立思考和创造性见解，真正成为教学和研究的主人。理论研究者的研究依靠的是理论智慧，教师的研究主要是依靠实践智慧，教师的实践智慧是"在教学实践活动中形成的、有关教学整体的真理性的认识。它来源于教学经验，通过对具体的教学情景和教学事件的关注和反思、将感性的表面化的经验提升，使其内化为教师的实践能力"。② 只有经过反思，使经验不断地处于被审视、被修正、被强化、被否定等思维加工过程中，不断地去粗取精，去伪存真，这样经验才能会得到提炼、得到升华，从而形成教师个体的实践智慧。实践智慧是教师进行校本教研的主要理论工具，教学实践中的反思则是这一理论工具形成的必要条件。（有关教师的实践智慧下文还将论及）

---

① 朱小蔓：《教育的问题与挑战：思想的回应》，南京师范大学出版社 2000 年版，第 337 页。

② 吴德芳：《论教师的实践智慧》，《人大报刊复印资料（教育学）》2003 年第 8 期。

2. 同伴互助

校本教研是一个多方参与的合作性研究，其中教师之间的相互协作是这一合作关系中的核心。校本教研不是单个教师的单打独斗，也不只是对教学经验丰富、教学成绩突出的优秀教师的成果分享，而是教师之间平等开展的专业切磋、协调和合作。教师之间要互相学习，彼此支持，共同分享经验，促进共同的专业成长，通过多种形式的对话、交往与互动达成教师之间的互助与合作。如教师之间彼此的信息交流与经验共享，把在教学中获取的有效的教学信息，传递给其他教师，互相取长补短，扩大和丰富教师的信息量和各种认识。教师把自己在教学中所总结的教学经验提供给其他教师共同分享，在彼此的经验交流中原有的静态经验被激活、被分享，从而不断地扩展和升值。又如进行专题讨论，大家坐在一起就教学中的典型问题进行专门的讨论，提出各种看法和观点，彼此进行观点的交流和碰撞，促成"视界"的融合，丰富彼此的思想，不断提高自己和同事对问题的认识，促使个人的实践智慧不断得到变更、丰富和扩张。校本教研强调教师之间的同伴互助，并非只要求在互助协作中必须达成一致，更主要的是在教师之间真正形成一种民主的、开放的研究氛围，尤其是促使教师集体的内部的专业争论。"在一个教师群体当中，能够有不同的思想、观念、教学模式、教学方法的交流与冲突，是非常宝贵的，也是非常重要的。"① 对话、交流、合作并不是只为了取得一致意见，更可贵的是不同意见观点的交流、碰撞甚至尖锐对立，在这种不同意见的申辩争论中，彼此之间才能启迪智慧、扩大理解，扩展和优化各自的认识水平和能力结构，正如著名解释学家伽达默尔所指出的：偏见不是骂人的话，相反，它说明我们只能从某个特定的"视界"来理解世界，该世界为我

---

① 袁振国：《校长的文化使命》，《中小学管理》2000 年第 12 期。

们提供了思想和行动的起点。只有当人们能够相互间展开交流，由此产生不同的界的"融合"，形成新的共识，人与人之间的理解才是可能的。① 正是这些被别人视为异端邪说的所谓偏见，才真正蕴含着我们想要得到的东西。校本教研中，教师们只有互相之间形成真正的同志关系，而不是表面上一团和气，暗地里嫉贤妒能，才能真正使校本教研体现民主开放的意蕴。

3. 专业引领

校本教研不仅依靠校内教师的力量还要依靠校外专业人员的引领和指导，因为作为工作在实践一线的教师缺乏的正是系统的教育理论素养，而专业人员（主要包括教研人员、科研人员和大学教师）正好弥补了教师这方面的不足，因此，专业研究人员的参与是校本教研向纵深可持续发展的关键，理论指导、专业引领是校本教研得以深化发展的重要支撑。所谓专业引领，就其实质而言，是理论对实践的指导，是理论与实践之间的对话，是理论与实践的重建。从教师的角度讲，加强理论学习并自觉接受理论的指导，努力提高教育理论素养，培养理论思维能力，是从教书匠通往"研究型教师"的必由之路；另外，作为专业人员，在新课程背景下，也面临着如何把理论优势转化为实践优势的历史使命，面临着如何转变自己的职业角色和工作方式，以更好地发挥研究、指导、服务诸多功能的崭新课题。因此，专业人员要想发挥自身的专业优势，在思想上要端正态度，不要把自己当作理论权威和思想教父，在行动上要走出"书斋"，走向沸腾的学校生活，要主动与学校沟通，与教师交流，在实践中升华自己的理论。作为专业引领，不单纯是一方对另一方的指导而是双方的平等对话与交流，也就是说，在这一关系中，教师不是被动的，

---

① ［加］史密斯：《全球化与后现代教育学》，郭洋生译，教育科学出版社2000年版，第179页。

不是对专家人员的理论言听计从，盲听盲信，而是以辩证的眼光对专家的理论进行思辨甚至提出质疑和反驳，生发出自己的意义。专家的专业知识和理论是点亮教师思维灵光的催化剂，助燃器，而不是放之四海而皆准的"真理"。专业引领的形式是多样的，有显性的也有隐性的。教师要养成理论学习的习惯，教师自学理论是一种隐性的专业引领，我们更多的是强调专家以各种形式对教师进行的显性的专业引领。日前学术理论界和学校教育实践层面都在努力探索实施专业引领的途径和方式，做到专家不越俎代庖而教师又保持合理的能动性和积极性，现在也大致形成了一些基本方式，如专业人员的专题报告，理论学习辅导讲座，教学专业咨询（座谈）等，其中教学的指导是最有效的，也是最受教师欢迎的形式。专业人员与教师共同备课、听课、评课，如果条件方便专业人员可直接走上讲台为学生上课以身示范。总之，专业引领还有很多的方式需要我们去开拓。实践反思、同伴互助、专业引领三者相对独立又相辅相成、相互补充、相互渗透、相互促进，只有充分发挥三者的作用并注重相互间的整合，才能有效保障校本教研的顺利实施。

校本教研制度的运行机制

以学校为中心建立的有关校本教研活动本身以及支持校本教研有效进行的运行机制构成了校本教研制度的主要内容。校本教研的运行机制包括学校组织系统的建立，立体多样的教研网络和教研模式的形成，提高教师教研自主性和能动性的激励机制，巩固校本教研的专门培训机制。

一　校本教研的组织系统

校本教研不同于传统的集中教研，它以教师的个性化、即时性的教研方式为主，因此形成一个良性的组织系统是其顺利实施的保障。在校本教研的组织建设中，校长起着至关重要的组织和示范作用，其次是相关教研管理制度的制订，再次就是学校教研的组织体系的有序建立。

1. 校长的示范作用

校长是校本教研制度建设的第一责任人，也是校本教研的带头人，他不仅是校本教研的组织者、领导者，更是研究者，"是教师的教师"，[①] 校长要发挥好自身的示范效应，要带头搞教研，要打破"运筹帷幄、决胜千里"的传统思维，走向教学第一线，

---

① ［苏］苏霍姆林斯基：《苏霍姆林斯基选集》（第四卷），教育科学出版社2001年版，第676页。

深入课堂，深入到教师中间，去听课、评课、分析课、上课，和教师一起思考、一起交流。笔者认为校长在校本教研中的示范应从以下几方面入手：（1）要善于听课和评课，倾听教师的声音。校长的听课、评课并不是简单地听完指出优点和缺点了事，而是与教师一起共同探讨、交流和解决问题。在分析课的时候切忌武断地下结论。"当你在分析课堂上看到的一切时，切莫把优点和缺点加以绝对的划分，你应多与教师一起思考、一起讨论，提出自己的想法和疑问"，① 把听课和评课当作学习、思考的过程，以此作为科学探索和科学研究的动力，真正把日常的听课、评课当作研究行为。（2）要勤于思考。要立足课堂主渠道对新课程的教学、教研，多进行深入思考。作为一校之长要对学校自身特色和教研现状有理性的认识和恰切的评价，对学校的教学和教师的研究水平有合理的认识，潜心研究有针对性的教研方式，提出有意义、有价值的教研课题，改进教研方式，组织和引领教师进行有效的教学研究，促进教师教学方式的转变和教研水平的提高。（3）要善于写。校长要站在学校全局的高度，总结经验，提炼经验，把自己对新课程的认识、体验、感悟用文字的形式表达出来与教师们进行交流，作为校本教研的材料，引领本校教师进行教育教学的改革。（4）要善于讲。作为校本教研的带头人，校长应具有较高的理论素养和专业水平，经常给教师进行专业引领式的讲座，勤于与教师们展开各种形式的交流。通过多种渠道阐述本校的教学、研究现状，表达自己的思想观点，引领学校的校本教研。校长作为一名教师、一名研究者，与其他教师不同的地方是，校长是站在指挥岗位上的教师，展现在校长面前的教育天地要比一般教师更加广阔，校长有机会把各种事实和教育现象

---

① ［苏］苏霍姆林斯基：《苏霍姆林斯基选集》（第四卷），教育科学出版社2001年版，第676页。

进行比较，把各学科的教学和研究进行横向联系和纵向比较，因此更容易发现教学，并在比较和联系中找到解决问题的思路，从而带动教学研究。校长对本校教学研究中的组织作用不在于靠行政命令的方式指挥教师教研，而是以专家的角色引领教师教研，靠自身的示范效应和人格魅力对教师进行潜移默化的影响。

2. 建立人性化的弹性的教研管理制度

学校的教研活动势必要建立相应的规章制度来规范约束，但由于校本教研的教师个性化、自主性研究这一基本特点，要求校本教研的相关规章制度要避免刚性，体现一定的弹性和灵活性，具有人性化特点。应该说相关管理制度和管理措施是保证工作和学习顺利完成的重要保证，但人们在理解制度时，往往出现一种偏差和错觉，就是把制度当作目标，以严格遵守制度"不敢越雷池一步"为自己的思想准则和行动指南。其实，规章制度和管理措施都是为目标的实现而制定的，是一种维护正常的工作秩序和顺利实现理想目标的手段，而人们经常把手段当成目标，主客颠倒，导致工作中的失误。如平时经常出现当一次合理的工作无法展开时，其原因经常是"规定是这样"；当一项不合适的做法不得不持续时，其理由也往往是"规定是这样"，这种情况就是所谓的"管理主义"现象，亦即管理的异化。我们不否认一些特殊的工作或岗位需要严格的管理制度如军队、政府机关、公检法等部门。但作为特殊职业和特殊运作方式的学校，其规章制度的建立要以人性化为基本特征，应充分彰显弹性和灵活性。笔者通过一些文献资料，也到一些中小学实际调查发现，在学校的校本教研制度建设中，很多学校都出台了对教师教研的一些相关规定和管理措施，如《校本教研成果评价与奖励办法》《校本教研活动指南》《校本教研规程》《教学研究制度》《教学研究管理评价方法》等不一而足，对教师的教研活动方式、教研评价、教研管理诸方面都做出一些细致的规定。但其中的很多条款都是对教师的硬性规定，甚至是一种强制措施，如有的学校规定教师必须在一个月内提交多少篇科研论文，必须在规定的时间内参加多少次活动，必须在特定的时间内确定某项科研课题等。中小学教师本来教学任务就繁重，让他们在短时间内像专业研究人员那样撰写一定数量的研究论文，其难度是可想而知的。同时我们知道，校本教研是以教学中的实际问题为立足点的，以教师能动的自我实践反思为基本形式的，这要求教师的教学研究是以主体的自觉意识和能动性为前提，而用一些刚性的、强制性的条框去约束规范教师教研，势必给教师带来精神上的压力和工作上的阻力。教师往往为应付上级任务，而胡编滥造东摘西抄去凑数，根本就没有实质上的反思与研究。因此在制定校本教研的规章制度时要体现弹性和灵活性，要有伸缩的余地，对一些要求，尤其是具体的研究细节不可限制过死，对教研的管理和评价体现公平性、合理性，渗透一种人文关怀。如有的学校规定，每学期初由教师自己决定并公布自己的新学期研究课题，学校不做过多的限制。同时学校鼓励相似课题的合作研究，使教师有机会对改革中遇到的问题进行公开而自由的讨论，鼓励教师思维的独立性和创造性。同时这个学校为了保证教师拥有充足的教研时间和空间，集中人力、物力、财力筹建教职工餐厅，开办幼儿园，消除教师做饭和照看孩子的后顾之忧。如果有教师家有急事，可以优先用车，平时购物有时学校总务处集体购买，学校还为教师的孩子送生日礼物。一系列相关措施的制定为教师的潜心教学研究提供了时空条件和物质保障。教学是教师的主要生活方式，教学研究是教师生活的一部分，教师的职业生活不能靠条条框框来限制，而是以人性化的方式给予激励和保障。校本教研相关制度的制定要秉持人文性的基本理念，使教师的教研在一种宽容、民主、激励的氛围中，才有助于教师灵感的迸发和教研质量的提升。

3. 组建校内教研组织体系

校本教研虽然是适合基层教师开展教学研究的一种模式，是教师自己的研究，但是如果学校缺乏系统的组织体系，教师的研究极容易导致孤立性和分散性形不成研究合力，从而会限制教学研究的进一步展开。因此，学校需要构建教研的组织系统，充分利用学校现有机构和组织，根据需要形成教研组织并建立相互协调关系，使校本教研组织有序。下面是一个以校为本的教学研究互动管理传输网络图：①

这是个小组开展校本教研的组织系统图，以校长室、顾问室、教导处、教科室组成教研室管理核心机构，直接组织、管理、指导学科分支机构展开教研；同时，分支机构为核心管理机构提供决策资源和实践支持，两者是双向互动的，并不存在主体上的隶属关系，只是职责和分工不同。学科教研的管理核心机构负责学校教研的整体发展规划，站在理论和实践的高度来分析当前教育热点问题及发展趋势，而各学科中心组具体细化形成研究课题及问题，各学科的老师结合教学实践依托教学研究核心机构（校长室、顾问室、教导处、教科室）进行反思探索，把研究结果以各种形式反馈给教研管理的核心机构，为其进一步规划提供借鉴，形成一个良性循环的教研传输网络。如某小学为搞好本校的教学研究在全校设立了三级教研网络：一级，由校长室领导下的教科处、教导处实施组织；二级，全校分设七个中心教研组，具体开展学科研究活动，进行宏观定向思考研讨；三级，在六个级部中以办公室为单位，单独成立了 16 个研究小组。三级教研组织编制形成了该学校教学研究网络。

通过实地调查发现，在一些校本教研制度比较健全的学校基

---

① 程誉技：《基于教育行动研究的校本教研探索》，《人大报刊复印资料（教育学）》2004 年第 4 期。

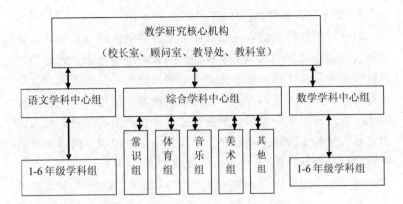

本上都是建立像上述学校一样的四级教研组织模式：上级是以校长为中心的学校教研领导机构，上中级是各级部，下中级是各学科组，下级是各个教师。组织机制不是以行政命令和上下级隶属关系来约束，而是以问题和课题为纽带，分别按各级的职责给自己定位，并且相互间及时沟通和联系，及时反馈和交流信息资源、问题和研究成果，构建起高效和谐的学校教研组织网络系统。

二　校本教研的展开模式

由同伴互助、专业引领、自我反思三种基本形式组成的校本教研决定了其教研方式的主体性、开放性和多样性。每个学校都具有自己的特色、面临不同的实际问题，教师个体都有自己的独特的经验、视角和研究方法，加上教育行政部门及校外专家不同的指导和引领，由此建立的校本教研的模式应是立体的、开放的和多样的。本文结合相关学校校本教研模式的实践探索，从校际和校内两个层面，对建立多样的校本教研模式做一探讨。

（一）校际教研模式

校本教研更需要学校间的合作，校际间的教研合作，有利于优势互补、资源共享和集中攻关，增强校本教研的深度和广度。下面以一些学校对校本教研的实践探索为依据，尝试提出以下教研模式。

1. 以课题为纽带的"研究共同体"模式。"研究共同体"是指在教学研究中通过实施课题带动策略，把不同学校、不同层次的教研力量整合起来，成立的教学研究协作组织。由各学科、各项目的老师组成的研究群体就是最核心的一级"研究共同体"，如有的地区成立了历史学科、历史教研员引领的历史课改中心组，他们在共同的教研活动中取得了丰硕的成果，引起了有关教研编写组和不少课改试验区的关注，他们的研究成果又通过骨干教师研修班和观摩课等形式和途径被传播到了每一个学校。各学校为了组建学术共同体，建立了《关于加强课题研究与管理的规定》《学术共同体研究章程》等制度。如有学校规定，每月每个共同体都要积累典型性的共同材料，每学期末进行一次优秀课题评选活动，对优秀成果给予重奖……骨干系列教师推选时，优秀共同体负责人和成员分别给予奖励。

2. 周六研究课制度。以教研部门牵头，组织小学、初中所有学科的周六研究课活动，借助这个平台，一方面把几年来课堂教育教学的成果进行总结，形成有推广价值的学科课堂教学模式；另一方面把教师组织起来，进行跨校性的校本教研，根据研究课内容的需要，教研员带领有关教师在备课中集体研究，共同奉献各自的智慧，形成有特色的教学思路；在上课过程中教师集体观课，反思教师的教学行为；课后集体反思评课，针对课堂的不足之处进行参与式讨论，找到解决的策略，达成共识，教师们在研究中提高研究的层次，在研究中把握教学的实质。同时他们在教育资讯网首页上开辟了"周六研究课专页"，活动结束后授课人及其有关研究人员把课堂实录、教案、课件及个人课后反思、集体课后反思及建设性意见等内容整理出来，发到教育咨询网的教学指导栏目中供全体教师学习。

3. 互动式立体教研通道模式。随时为一线教师提供专业支持，实现资源共享，有的地区建立了教育资源网站，开辟教研员网页，公布教研员电子信箱，只要教师有需要研讨的问题可随时与之联系，教研员以较快的速度给予解答，解答不了的组织讨论。教师们称之为"互动式立体教研通道"。立体教研通道还包括"网上课改指导室"。为了把最前沿的信息传递给广大课改实验教师，教育咨询网建立了"课改指导专页"，各科教研员定期组织中心组成员，及时把下阶段的教学意见及有关优质资源上传到网上，供全体教师下载参考。这些举措为学校教师开展教研活动提供了及时的技术支持和丰富的教研参考资料。

4. 校长交流制度。校长是校本教研的组织者和领导者，也是校本教研的带头人，比其他老师更了解学校教学中的问题，通过一定的形式把各学校校长组织起来，对学校中的教学问题和校本教研的意见和策略进行交流探讨，彼此分享经验，互相启迪，定会促进各学校的整体教研水平。如笔者在某一地级市调查发现，他们为校本教研建立了校长论坛制度，它由教育局组织，论坛活动内容包括专家报告自主学习、实践探索以及举办校长个人"演讲"辩论会，参加者为初中、小学校长，每月举行一次，校长在论坛中交流各自探索研究的新发现，畅谈解决问题的感想与体会，倾吐新旧思想观念的碰撞与更新。许多校长的论坛内容给参与者留下了深刻的印象，引人深思，耐人寻味。如针对"构建民主，平等的师生关系问题"，某一实验小学的校长提出了变"命令式语气"为"商量式语气"的倡导；某一中心小学校长的"新教学资源论"认为，"某些课堂突发事件乃至一些在过去认为的不利因素也是一种重要的教育资源，尤其需要积极对待，及时捕捉"。许多观点匠心独具，既具有创新意识，又能解决实际问题，给人耳目一新的感觉，为各学校的校本教研提供了许多优质的素材和灵感。

5. 同步研讨模式。同步研讨，即多方同时参与，与教学进度同步进行，并迅速反馈于课堂教学的一种教研活动方式。同步研讨活动分三个层次进行，第一层次是市级学科中心组的同步研讨活动，由教研员负责组织，每日一次，以定期召开市级范围的学科课程改革实验同步研讨会的方式组织实施；第二层次是镇级同步研讨活动，至少每月组织一次，要体现学科性也要体现综合性，以镇（街道）为单位，小学和初中分别进行；第三层次是学校级的同步研讨活动，由镇（街）道教委参照市、镇二级同步研讨活动的做法，出台具体的实施和措施。三级研讨方式的建立为校级的集体教研构建了机制框架，为校本教研的深入开展提供了保障。此外他们还建立了比如优秀课改成果展示制度、虚拟研究所制度、一系列激励制度等。调查发现，中小学在教育局领导下，在教科院的组织和专业引领下，构架了一个多方位立体的校际教研网络。在这一网络中，旧有的教研方式不断更新，新的教研方式不断涌现，学校教师热情高涨，积极配合，教学研究呈现欣欣向荣景象，给我们在新课程理念下如何建立校本教研体系和制度提供了很多有益的启示。

（二）校内教研模式

校本教研更强调把本校教师的积极性调动起来，进行有针对性的个性化、特色化的教学研究，真正体现以校为本。因此，在形成校际合作教研模式的同时，各学校根据自己的特点，构建校内教研模式也成为校本教研制度建立的重要内容。

1. 反思性教研模式。荷兰学者柯斯根（Korthagen）在研究中提出教师在反思中发展的机制。他认为，教育过程中理想的教师对自己的行动反思包括五个阶段：第一，行动；第二，对行动的反思；第三，意识到关键所在；第四，创造其他行动方法；第五，尝试，其本身又是一种新的行动。① 柯斯根对教师反思机制的研究为校本教研中的教师自我反思提供了重要启示，他提出的反思的过程基本上能涵盖我们所理解的校本教研中教师的反思。但柯斯根所谓的教师的反思过程主要是在专家的引领和指导下的反思。如教学常规中的"（专家）听课（行动）——评课（对行动的反思）——（教师）再上课（意识到关键所在并创造其他行动方法）——（专家）再评课（对行动再反思）—（教师）再上课（尝试新的行动)"。而校本教研中的反思更主要的是教师在课堂教学中的自我反思，把自我反思纳入到新生成的教学常规。校本教研要求教师进行行为跟进的全过程反思，要求在每一个教学环节都有反思的发生。反思型教研模式就是通过用规范化的方式对教师的反思进行规约，使其成为更合理更科学的研究方式。有些学校在教研中，采取"日反思、周交流、月总结、期末展示评比"等办法，让教师把上过的每一节课都进行教学反思。要求教师对每一节课都要认真实施"三反思制度"，即课前反思，怎样结合新教材特点和学生实际，把课上好上活；课中反思，是否把着眼点放在了学生的发展上，教学环节是否扎实有效；课后反思，是否形成独特的教学个性和风格，课堂教学的三维目标是否得到了落实，有哪些困惑问题需要解决等。每个教师都要把反思的结果附在每节课的教案后面，为以后的教学提供例证，并要在教学反思中学会教学，学会研究，学会总结与创新。

2. 课题化研究模式。课题研究是科学研究的主要形式，在

---

① 叶澜：《教师角色与教师发展新探》，教育科学出版社2000年版，第226页。

"教师即研究者"的理念背景下，课题研究也成为校本教学研究的重要形式。但校本教研中的课题研究又不同于学术性课题研究，它有自己的特点和方式。校本教研中的课题研究是一种集体性合作性的研究，它不以理论假设为前提，而是以学校教学中的实际问题为基础，不以获得规律性结论为目的，而是以教学实际问题的解决和学校教育质量的提升和教师的发展为基本旨归。校本教研中的课题研究可以按下列方式进行，在课题主题的确立上，学校不要统的过死或一刀切，把研究自主权下放到教研组学科组和教师个人，让他们来确定符合自身实际而又实效的课题并开展研究活动，这样能摆脱原有的简单而又重复性的低效教研形式，学校教科室、教研组和教师才能够根据学科特点和自身问题创造性地提出符合自身实际而又有价值的课题；在研究的组织上，可成立由有优秀教学经验和一定研究能力的骨干教师组成的学术委员会，由业务校长担任学术委员会主任，对学校各学科和教师进行业务与理论的指导和评价。这一组织主要是对研究课题的确立和研究过程进行必要的引领和辅助，同时对全校的研究进行整合和协调，并对学校的课题研究进行评估和提出建议，当然这种机构是学校的民间组织，不具有行政职能。在研究方式上，一是采取学校层面的集体性课题研究，即学校及教师根据自身实际与研究水平，集中力量、自主选择本校迫切需要解决的热点难点问题进行研究。教学中的诸多问题被整合到课题研究中，这种共同的需求使大家团结在一起，有利于学校形成学习型组织。二是教师个体层面的自主研究。教师的教学不是把某些教育知识或教育理论学会之后应用于教育实践的简单过程，而是蕴含了教师将一般理论个性化并与个人的情感、知识、观念、价值、应用场景相融合的过程。教师的教学有显明的个性特征，同样一堂课，不同的教师有不同的教学特色，同样也会产生不同的问题，并且这些问题对教师自身的成长和专业发展会起到至关重要的作用。

因此要提倡和鼓励教师把自己的切身之感形成问题或课题并进行自主的反思或研究，这也是校本教研的题中应有之义。

3. 个案研究模式。个案研究模式指教师选取教学中具有典型意义和个性特色的个案或课案，进行学习、分析和反思，与其他教师一起交流探讨并形成一种机制。如有的学校推出的个案学习创新制度，大致包括"选取个案—个案学习—个案分析（反思）—个案讨论—创造（撰写）个案—评价（展示）个案"六个步骤，从选取个案到形成文字再到评价个案，都密切联系教学实际进行。在对个案进行分析、反思、交流、探讨的基础上，学校对教师撰写的教学个案定期进行评比展示，每学期进行一次梳理、筛选，结集教学个案专集，对优秀的典型的案例及时上报并交流推广。

4. 多元教研活动模式。学校教研有一定的模式，但又没有固定的模式，它不同于正规的学术研究讲求特定的思维方式和研究方法，而是以教学中的实际问题为切入点，同时教学中的实际问题是随机发生的，是不能人为驾控的，它讲求研究的及时性、即时性。因此学校教研活动应是灵活机动同时亦是多元的，追求灵活多样的研究方式，以达到实际问题的解决。从这一角度讲，校本教研不刻意追求固定的模式，而是采用务实的手段，只要为我所用，解决问题就可采用。高密市校本教研开展的相对较好的很多学校都出台了一些丰富多彩的教研活动方式。如"我的教育故事""问题悬挂招标式""教学问题积累式""找教训讲座会""绿色教研通道制度"等鼓励教师通过多种方式和渠道开展校本教研。总之，以追求实用性和问题解决为主旨的校本教研，其模式和方式是立体的、多方位的和不断创新的；上述探讨的校本教研模式的建立也仅是一种局部领域内的个案，它只能给我们提供某些启示和启迪，各学校在建立自己的教研模式时还要立足本校特色和实际，建立符合本校特点的教研模式。

三　校本教研的激励机制

教师个人的主观意志和兴趣是校本教研取得绩效的根本保证。校本教研制度建设的重要一环是在对校本教研提出规范性和指导性的同时，营建调动教师教研积极性，激发其热情，勉励其干劲的激励机制。根据心理学和组织行为学的理论，人的需要得到满足就会产生激励，需要从获得满足的来源分为外在性需要和内在性需要两大类，激励相应的就分为外在激励和内在激励。外在激励是靠外在的物质和精神条件的支持，使当事者获得满足，从而激发其行为；内在激励是靠工作或活动本身所具有的吸引力及意义与价值，使当事者产生兴趣及责任和义务感从而促进其行为的跟进。校本教研制度建设中，要根据相关激励理论，建立相应的激励机制，提高教师教研的积极性。

（一）外部激励机制

外部激励就是通过教研活动的外在物质、环境条件、研究的空间心理范围和对研究成果的评价来促进教研。

1. 物质激励。教师也是人，也生活在现实中，同样有物质的需要，物质需要的满足更容易激发教师的工作欲望和热情，如果物质条件得不到满足，让其在一种艰难的处境下研究定会影响他们的研究进程。那种"逆境出人才"，在恶劣条件下，靠顽强意志和毅力达到目标的精神是高尚的，是值得称赞的。但在实际工作学习中，某些条件缺失或不足会影响工作的质量，同时会使当事人为弥补条件缺陷而付出身心的代价。也就是说光有热情是不够的，还要有必要的物质条件保证。在校本教研中，你不能在教师们领着微薄的工资、用着简陋的设备等条件下让他们心安理得、理所当然地搞研究，这未免有点不尽人性和人情。因此在鼓励教师潜心进行教学研究的同时，应出台相应的物质激励措施形成激励机制，为教师潜心于教学实践和教学研究提供后勤保障。当然这种激励和奖励并不是单纯为"有所劳而有所得"，而是通过激励，传达一种信息，建立一种导向，让教师们崇尚教研，让更多的教师投身于教学研究之中，激活每一位教师潜在的科研能力，使其体会成功之乐趣。奖励或激励的方式可采取不同的手段，如制定学校教研奖励条例，对在各类教育报刊发表文章的、在论文比赛中获奖的，按等级进行奖励。再比如学校可根据教师的科研能力和水平评选"骨干教师""研究型教师""专家型教师""十大教研能手"等并给予奖励。再如订阅相关教育期刊，并为教师的参阅提供方便，购买相应的实验仪器和设备等。

2. 情感激励。所谓情感激励就是指在教师中间形成友谊、温暖、尊重和信任的情感氛围，使他们在研究中保持愉悦的心理状态，形成一种融洽的人际关系以便使教师教研具有更高的热情和精神动力。对教师教研的情感激励可从两个方面进行。一是学校领导对老师的态度。校长及其他学校领导要对教师理解、体贴、关怀和帮助。校长作为第一责任人和教师的教师，同时也是学校教研的带头人，要起模范带头作用，要与教师坦诚相待，发扬民主，与教师打成一片，力戒靠行政命令对教师指手划脚，而应以民主、合作、宽容的态度与教师交流。二是教师之间的情感维系。教师之间的教研是以合作的方式展开的，是教师之间的互相启迪、经验共享、信息交流，即使争论和矛盾也是为着问题的解决和研究的深入。因此教师之间要形成一种愉悦的情感氛围，彼此之间要多体谅、多宽容、多帮助、多理解，切忌彼此猜疑、嫉妒甚至为一己之利压制、诋毁、打击报复别人，造成教师之间的恶劣的人际关系。只有在教师之间形成融洽的情感氛围，才能使校本教研形成合力，使教师乐在其中。

3. 评价激励。教研过程和教研成果的评价本身就是一种激励。校本教研过程中要建立及时、多样、灵活的评价机制以激励教研行为。一是校本教研的整个过程中，由学校专门的组织（如学术委员会）进行跟踪评价，在研究课题的确立、研究方法的采用、研究步骤的形成、研究结果的预测等各方面及时给予帮助和引领。二是教师自身也边研究边反思，当一个环节完成后要回过头来进行理性的分析和考量，找出遗漏和不足。如有的学校在校本教研中定期举行"反思会""自评研讨会"，让教师自己给自己找不足并提出改进的思路和意见。三是教研结束后的教研成果展示和评价。展示不可避免地意味着被评价，被评价意味着外部力量的介入，它有利于内部的改组，从而给予有机体活力。[①] 在校本教研中，任何教师都有把自己的研究成果介绍给别人的内在冲动，从而激发他们的内在活力。当研究成果被积极肯定时，会增强他们的信心和自豪感，增强进一步研究的精神动力，当研究成果被指正时，他们也因发现自己未发现的不足而兴奋，激发更深入研究的热情，并且展示中可以看到别人成果的长处并在对他人成果的参照中发现自己的问题和不足。

（二）内部激励机制

根据组织行为学的有关理论，内在激励源自于所从事的工作本身，依靠工作活动本身或工作任务完成时所提供的某些因素来满足。它是抽象的、不可见的，要通过当事者的主观体验来获得。这里的内在性是指内在于工作中，并非指内在于受激励者自身之内，"内在"与"外在"都是相对于工作而言的，[②] 内在激励是真正的工作激励，它不像外在激励那样由组织控制的诱激物

---

① 毛景焕：《重建校本教研制度文化》，《当代教育科学》2003 年第 18 期。

② 郭毅等：《组织行为学》，高等教育出版社 2000 年版，第 55 页。

所牵引而是由工作中的内在力量所推动。外在性激励当外在诱激物消失时一般会随之消退或减弱；内在性激励则不管环境如何变化，都能持续地、坚韧地发挥作用。从这个意义上说，内在性激励才是保持对工作有坚定信念，并持之以恒为之努力的根本手段。校本教研中内在激励机制的建立，就是在设法创造条件让教师对校本教研产生热情和满足感，从而达到激励目的。校本教研内在激励机制的建立应着眼于两个方面：一是校本教研过程，二是校本教研结果。（1）过程激励。过程激励是指通过教研活动本身引发的激励来满足教师的内在需要，校本教研自身所含的激励因素很多，学校在组织校本教研活动时要充分挖掘校本教研中所蕴含的激励因素。首先提高校本教研的趣味性，校本教研如果丰富多彩、饶有兴趣，定会吸引教师积极投入其中。客观上研究本身没有趣味性，它需要艰苦的劳动和深入的思考，但如果通过外在力量变化研究过程的形式和方式就会提高其趣味性和吸引力。如提倡研究课题的创新性、研究方法的灵活性、研究成果表达的多样性等，激励教师根据自己的特点和方式进行研究，不拘泥于固定的模式。如高密市推行的一系列的教研创新制度，对学校的教研活动独辟蹊径，追求开放性、灵活性，根据教师的需要和学校特点采取灵活多样的教研方式，大大提高了教师的研究兴趣和热情。其次是保证教研活动的挑战性。一次工作或活动如果富有一定的挑战性，完成它需要付出一定的努力或代价，它会激发个人的斗志，同时使人感受到责任与挑战，感到英雄有用武之地。这方面的激励就要充分发挥学校和教研组的作用，要分析学校教学实际和教师实际科研水平，提出具有一定难度的教研任务，让老师也要"跳一跳，摘桃子"，增强教研工作的吸引力，同时也提升教研的质量和水平。最后就是注重教研本身的培养性。教研不单纯是为了完成教研任务，而是通过教研这种形式，解决教学实践中的问题，提高教师的专业水平，从而提升教育质量。学校应营造一种氛围，把完成研究目标和提高教师专业水平结合起来，不要为教研而教研，而要注重教研的促进性和培养性，使教师在研究中感受到进步和成长，丰富和充实，体验到成就感，增强自信与自尊。因此在校本教研中要更注重教研过程的规范和指导，淡化其结果。在这里不是指结果不重要，而是指学校在组织和指导教师教研时要把重点放在过程上，通过教研过程每一环节的规范和指导，潜移默化地促进教师成长，这一过程目标实现了，结果也就不言而喻了。(2) 结果激励。"结果导向的激励，是通过完成工作任务而引发的激励来满足当事者的内在需要。"① 在校本教研中就是指通过教学研究的结束，使教师有一种愉悦感、自豪感和成就感。有一种理想和抱负得到实现时的轻松感与满足感，自己的潜在能力得到充分发挥与释放时的舒畅感和得意感。学校在制定校本教研的规章制度和措施时要注重培养教师的职业认同感、道德感和神圣感，注重培养教师的职业素养，使其从内心接纳和认同这种工作并自觉把它当作自己职业生活的一部分。教师只有真正从精神上认同了，接纳了这种工作，在教学中，不仅在任务完成、取得成就时能够产生激励，而且既使在任务尚未完成或遭到挫折陷于困境时，也能够百折不挠地追求和奋进，真正把教学研究当作自律和自觉的行为，达到一种理想境界。

四　校本教研的培训机制

校本教研需要教师具备一定的专业研究能力和素养，但囿于工作性质和工作条件，他们往往缺少进行研究的培养和训练，因而缺乏必要的研究能力和素养，这就需要一套专门的培训机制来

---

① 　郭毅等：《组织行为学》，高等教育出版社 2000 年版，第 56 页。

训练、指导和培养教师的研究能力，这种培训机制在性质上应属于校本培训。作为校本培训，在理念上是指把培训放到学校中，放到教师的实践中，让培训随时随地渗透到教师真实的教学情境中，使教师培训基层化、全程化，而不必脱离岗位和转换角色；在培训的主体上，中小学是培训的发起者和组织者，学校培训中的问题要经由校长和教师共同探讨、分析来解决。他们对解决学校自身问题，有义不容辞而又无法替代的责任；在培训目的上，校本培训的目的来源于学校实际，学校中有什么样的需要，就有什么样的目的；在培训内容上，其内容是以问题为中心的，即把遭遇同样问题的教师集中到一起进行培训，培训的结果是使教师提高解决此类问题的能力。① 由上述分析看出，以提高教师校本教研能力的培训属于校本培训，并且，校本教研本身就是一种很好的培训方式，但校本教研作为新课改背景下学校教育的一种新现象，其功效的发挥和质量的提升还需一整套培训机制的建立。校本培训的类型总体上可归纳为五种类型：第一种是技能型培训，适用于对本校教师进行各种教育教学技能的培训；第二种是实践型培训，主要方式是导师带领，校际教师交流，教育教学研究等；第三种是评价型培训，通过听课和评课，课堂教学评优，主题班会观摩等提高教师的教育教学评价能力；第四种是理论型培训，适用于对教师进行传播新知识、新理论、新观念、新成果和信息的培训；第五种是研究型培训，适用于对教师进行教育科研能力培训，强调在学校真实的环境中开展教研，如学习选题、设计研究方案、撰写研究个案、开展调查研究行动等。② 以校本教研为目的的教师培训主要以第五种类型为主，兼顾其他类型，因为校本教研是一种立足教学实践基础上的研究，既重视教学实

---

① 孙立春：《中小学校本教学研究》，泰山出版社 2003 年版，第 88 页。
② 万福：《校本教师培训模式研究》，《教育研究》2003 年第 1 期。

践，又重视理论研究，是教师的专业发展和综合素质提升的综合性行为，与其他培训类型都有或多或少，或直接或间接的联系，所以有人说进行校本教师培训是校本教研的重要基础，两者具有因果关系，而不是并列关系，更不是隶属关系。对于校本培训的具体内容，受本文主旨所限在这里不做考查，只就校本教师培训在机制或模式上的运作做一阐述。以校本教研为目的而建立的教师培训机制或模式，没有固定的框架和规程，各学校可根据本校的实际特点探索和创造多种形式和途径的培训模式，但从一般意义上来讲，仍有共同遵循的模式，这里列举两种，以此作为建立教师培训机制的依据或参考。

（一）自我研修模式

教师研究能力和素养的形成和获得，一条根本的方式和途径就是自我研修，一个不学习的教师即使有良好的愿望，也无从提高自己的专业水平，所以读书和学习是教师专业发展过程的必须。在教学之余，研习大量的教育理论和有关科学研究的著作，引导教师重视理论思维，学会理性地思考问题，并指向实践中发生的真实问题。学校要从制度上为老师的自我研修创造机会和条件。如高密市"精品教育论著研读活动""理论学习制度"，每周留出固定的时间让教师学习教育理论，学校为老师推介一些有价值的教育理论著作，为教师的理论学习提供指导；要求教研员每月通过网络向教师推荐 2—3 篇能代表教学科教改前沿的优秀文章，每学期在精读的基础上向教师推荐几本教育理论书籍，为教师征订一些教育理论刊物和杂志等。自我研修，除了通过系统的理论著作的阅读和学习外，还有一条重要的途径就是教师自己的反思性教学实践。所谓反思性教学实践"是指一种回忆、思考、评价教学经验的活动过程，它是对过去经验的反馈，同时又是做出新的计划和行动的依据。反思性教学实践要求教师在实践中反思实践的内容和结果，分析其背后蕴涵的理论知识，提出解决问题的假设，并在实践中检验假设，周而复始、循环往复、不断发展"。① 教学反思的起点是教学问题，教师通过对实际教学的感受，通过总结自己的经验，多渠道搜集信息，意识到自己教学中存在的问题，并产生研究这些问题的欲望，然后进行研究实践。反思性教学实践是校本教研的一种重要形式，这种研究与普通科学研究的不同是教师通过自身的教学实践，通过自己的教学知识、技巧和经验来提炼、总结和建立自己的教学理论，它本身既是一种研究，又是一种学习，是提高教师研究素质的一条重要而有效的途径。目前很多学校都把教师的反思性教学实践作为提高专业素养和提升教育质量的重要途径，并建立起了相应的教学反思机制或制度，如"撰写教后记""教学反思与交流制度""教学专题研讨制度""教学案例分析制度"等。

（二）组织学习模式

这种培训模式是指以学校或学校内部的教研机构如教科室、教研组或年级部等发起的对教师有目的有组织有计划的培训，采用"引进来，走出去"的方式。所谓"引进来"就是发挥学校的桥梁和纽带作用聘请校外的专家、学者或有经验的优秀教师到学校为教师进行专门的指导和帮助，形式可灵活多样，如专题讲座，直接参与本校科研课题等形式。"走出去"是指学校有针对性地派遣教师到高等学校、研究机构或其他兄弟学校进行专门的学习或考察，汲取先进的教育理论和优秀的教学与教研经验，接受理论的熏陶并开拓教研的思路和视野。

---

① 郭根福：《让教师在反思性教学实践中成长》，《人民教育》2003 年第 3—4 期。

校本教研制度建立的意义与价值探析

随着基础教育课程改革的推进，校本教研及其制度建设成为教育理论工作者和中小学教师关注的焦点。校本教研制度是指为有效开展校本教研而建立的规范体系，其具体体现为一系列显在和潜在的规则。校本教研制度的建立对校本教研的有效开展具有重要的理论意义和实践价值。

一　对传统教研机制的改进与创新

1. 传统教研机制的主要缺陷

教学实践中的教学研究是广泛存在着的，从其机制来讲，基本有三种类型：第一种是自上而下的方式，通过上级行政推动，促进基层学校开展教学研究工作，提高教学水平和教学质量，可以称为自上而下的教研机制；第二种是自下而上的方式，通过基层学校创新和开展教学研究，促进教学水平和教学质量的提高，可以称为自下而上的教研机制；第三种是自我更新，通过从事教学研究的教师个人和机构的自我觉醒来适应变化的教学情境，探索教学改进的途径，可以称为自我更新的教研机制。① 传统的教研机制主要是第一种，即通常所说的科层教研管理体制，它以各级教研室为中心，以教研员为责任人，由他们下达和组织

---

① 孙立春：《中小学校本教学研究》，泰山出版社 2003 年版，第 368 页。

实施上级教育行政部门布置的任务，指导、规约学校和教师的教研活动，验收和评判教研成果。这种自上而下的教研机制便于集中优势解决带有普遍性的教学问题，在统一的国家课程模式下曾经发挥了积极而有效的作用。但这种机制也存在明显局限性，不能适应当今教育发展和课程改革的需要。这表现在：一方面学校的教学研究缺少基本的制度规范，得不到应有的重视，教师和学生的内心需要得不到有效的表达；另一方面，校外教研机构的研究工作常常脱离学校实际教学，即使校外专家或研究机构主观上愿意为解决学校的实际问题而研究，但由于缺少机制上的保证和制度上的规范，无法使之落到实处，这在客观上淡化了学校的教学研究或导致学校教学研究脱离实际的倾向。此外，传统的科层教研管理体制，更多地体现为制度的刚性规定和教研任务的硬性指派。教师在上级的规定下进行教研，直接向他们汇报，接受他们的验收和评价。教师的自发研究比较少，自觉研究意识和自主研究行为缺乏，开展研究更多地是出于服从，而不是兴趣和需要。教师研究群体看上去有严密的组织和秩序，实际上非常孤立、分散，缺乏整体性和合作性。这种"等、靠、要"的被动式教研制度使教学研究缺乏有效的机制和管理策略，严重影响了课程改革的推行，束缚了一线教师的思想和实践。

2. 对传统教研机制的改进与创新

新课程尤其是校本课程实施后，单一的、自上而下的教研机制已不能解决学校所遇到的日常、具体的教学问题，它需要自下而上的教研机制来补充和更新。自下而上的教研机制更适合解决学校所遇到的日常问题。校本教学研究，从制度层面讲，属于自下而上为主、自我更新为辅、两者相互结合的教研制度。这种研究制度建立在学校层面，校长是第一责任人，教师在校长的组织和领导下，根据学校特色、教学实际建立相应的教研规范和指标。这些规范和指标在内容上更加具体，具有个性化特点。它由研究者教师自己建立，体现了教师的自主性、自律性，更有利于制度的落实和教学研究任务的达成。在这种制度下，教师作为研究者可以理直气壮地"开展自己的教学研究"，"解决自己的教学问题"，"发表自己的研究成果"，"改善自己的教学实践"。[①]建立、实施校本教研制度，不是排斥和取代传统的自上而下的教研制度。因为校本教研功能有限，并不能解决学校的所有教学问题。强化校本教学研究是对传统教学研究机制的补充和更新，它需要校外教研机构和教研员转变职能，与校本教研有效整合，以实现双向结合、优势互补。校外教研机构、教研员对学校教学研究发挥"引领、指导、服务"功能，而不是行政命令式的"领导"。校外教研机构已不再是领导机构，而是智囊机构，他们要紧密联系学校的教学实际，为学校教学和研究提供理论、技术和方法支持。教研员的角色也要相应地调整和转变：首先要发挥专业引领作用，要走进学校帮助分析校情、学情，确定学校的核心课题，指导学校、教师根据教学实际及教学存在的问题确定研究课题，有针对性地开展研究。其次要发挥上通下达的桥梁、纽带作用。他们一方面参加国家级、省级的科研会议、培训和研修，直接与上级部门和专家建立联系，领会教育教学改革精神；另一方面了解各学校情况及教师教学中遇到的问题，在学校、教师与教研部门和专家之间搭桥，疏通信息渠道。同时，教研员还可为一些有共同研究志向、教育教学各有所长的学校搭建合作交流的平台，在校与校之间建立起各种形式的教学研究共同体，以实现优势互补、资源共享和共同提高的目的。

---

① 吴刚平：《校本教学研究的意义和理念》，《人民教育》2003 年第 5 期。

二 为教师专业自主发展提供制度保障

随着教育重心下移和教师主体地位的提升，教师专业发展成为教育领域的热点话题。对教师专业发展的界定，目前国际、国内各不相同，国内就有教师专业化、教师专业成长等不同表述。叶澜教授把教师专业发展界定为"教师的专业成长或教师内在专业结构不断更新、演进和丰富的过程"，"是教师个体的内在专业性的提高"。① 教师的"专业"不是其所教的学科内容或学科知识，而是其教育行动和教育实践。教师的专业发展，简单地讲，就是在教师教育实践知识的不断丰富、积累和教育实践能力的逐步提升，是教师自主、自律的发展，而不是外在强制的发展。校本教研为教师的专业发展提供了契机、搭建了平台，对教师的专业发展有重要意义。

1. 促进教师实践智慧的生成

教师的实践智慧是教师开展教学研究的一种实践性知识，是教师专业发展必不可少的知识和经验基础。对实践智慧的研究目前国内不多，有的只是外延式研究。我国学者金生鈜将其描述为：是在实践上知道怎么做的知识类型和推理形式，它不等于任何脱离主题而存在的"客观知识"，是人在生活世界中知道怎样做的知识和经验。② 实践智慧在性质上属于知识经验范畴，在来源上不属于外在输送的"客观知识"，而是主体在能动实践中生发的属于自我的认知，其目的不是概括出一般规律和理论，而是基于实践，解决实践中的具体问题，实现主体的自我完善和发展。教师的实践智慧，是指教师在教学实践中通过不断反思和探

① 叶澜：《教师角色与教师发展新探》，教育科学出版社 2000 年版，第 226 页。
② 金生鈜：《教育哲学是实践哲学》，《教育研究》1995 年第 11 期。

索而生发出属于个体的实践性知识，它有利于完善教学实践，实现专业发展。校本教研是在教学中进行研究，在研究中改进教学，是教学与研究的内在融合。教师实践智慧来自教学实践，但仅有教学实践不能生成，还需要教师在实践中不断地思考、反省和探究。在传统的教学实践中，教师只是按教学计划、教学大纲、教科书所框定的内容进行机械灌输，教师是输送知识的机器，学生是接受知识的"容器"，师生之间的教学关系是机械的"我—它"的关系，完全丧失了人际交往中的主体间性。在这种关系中，教师只是进行"流水线"作业，没有能动的反思，实践智慧也无从生成。新课程强调教师的主体性和能动性，要求教师在教学中能动地"用教材教"而不是"教教材"，要能动地创生教材、教学进程。新课程理念下建立的校本教研制度，是在制度上为教师从事教学研究提供规范，为教师实践智慧的生成提供机制上的保障，反过来，教师实践智慧的不断生成和增长，又为教师进一步的校本教研打下知识和能力的基础，为校本教研质量的提高提供条件。

2. 实现教师的专业自主发展

教师专业发展存在两种基本途径：一种是被动式的，一种是主动式的。在统一的国家课程模式下，教师专业发展是一种被动的发展。教师教学只是为了完成上级的教学任务，教学工作往往被作为而且仅作为谋生的手段，教师工作的主要动力是提升个人职业的发展。教师为了获得社会认同、被上级领导认可，被动接受外界订立的专业标准，执行所规定的要求。在这种模式下，实现教师专业发展主要依赖于：（1）临场性的指导，即指导者如教研员、学校领导、其他教学管理人员以及同事等现场帮助教师改进教学策略，如听课、评课等；（2）教师评价，即按照一定标准给教师打分，然后根据分数高低决定教师的奖惩、晋升等。这些促进教师专业发展的策略和方式，对教师专业素养的提高是外在的、被动的甚至是消极的。要真正实现教师专业发展，教师必须是主动的、自觉的。专门研究教师专业化及专业发展的美国学者杰克逊早在 20 世纪 70 年代就指出："教师被动专业化即将被尊重教师个人成长规律、强调教师自身积极作用的教师主动专业化所替代。"① 我国当前进行的基础教育课程改革为实现自主的教师专业发展提供了条件。随着教师地位的提高，"教师是研究者""教师是课程实践者""教师是主体""教师是反思性实践者"等反映教师专业主体地位的理念不断出现并被人们所接受，教师的主动、专业发展具有了理论基础。实际上，教师的专业发展只有在教师自觉、自律的基础上才能得以实现，而教师地位和作用的被确认、被发现是实现其主动、专业发展的最基本条件。在此基础上，教师的主动、专业发展"关键在于实践性知识的不断丰富，教师的专业性靠实践性知识，即运用综合的高度见识所展开的问题意识与问题解决的成熟度来保障的。教师在以'参与'、'反思'为主要特征的行动研究中不断获得对实践的反思能力，进而使自己获得专业发展"。② 教师的专业发展不依赖于指导、评价，更不依赖于按部就班地"依葫芦画瓢"，它需要能动的教学实践和教育教学实验探索。校本教研制度的建立为教师主动的专业发展提供了保障和支持。校本教研制度的核心理念就是强调教师的自主性、能动性、合作性。校本教研制度的一系列规范，也是为了调动教师的积极性和主动性。在这一平台上，教师能积极、创生性地投身教学实践，不断地反省和探索，不断地总结经验，提升实践智慧，主动地完善自我、发展自我，能动地实现专业成长。

---

① Jackson P M., Old Dogs and New Tricks: Observations on the Continuing Education of Teachers, In: RubinI J, Ed., *Improving Inservice Education: Proposals and Procedures for Change*, Boston, Massachusetts: Allyn &Bacon, 1971, pp. 19 – 36.

② Ibid..

三　对学校教研文化的重建

校本教研制度的建立在更深层的意义上是除旧布新，即消除旧的研究传统，形成新的教研文化。制度虽然属于文化范畴，但它用一系列的规章、条目、细则来表达时，往往让人觉得它是一些死板、僵化的教条，体现的是"物"性，与反映精神层面的狭义"文化"有所区别，因而有人对制度与文化进行区分，甚至出现制度文化的概念。我们在制度基础上讨论文化时强调"制度的价值观念、道德伦理、思想意识与制度和习惯、规范、规则的内在一致性"，① 即制订的制度能在多大程度上反映人们意识中所秉持的思想、道德和伦理的价值判断。从应然的角度讲，建立校本教研制度就是构建一种全新的教研文化甚至是学校文化，因为校本教研所蕴含的基本理念相对于传统的学校教育和学校研究来讲是革命性的。

1. 形成整体性、合作性的研究氛围

在传统的科层教研管理体制下，学校教师与教研机构、教研员之间是一种纵向、单线关系。教师教研要对上级和教研员负责，教师之间缺乏合作与交流。虽然表面上也有教师之间的相互交流和探讨，但由于教师主要与上级联系，听从上级的指导和管理，教师间的横向交流与合作缺乏内在的机制，所谓的集体研究只是一种表面现象。校本教研制度要求学校形成一个"研究共同体"，以消除教师在传统教研体制下形成的依赖和服从的研究心态，营造整体性、合作性的教学研究氛围，使教师和学校成为本真意义上的研究主体。首先，学校要形成整体研究思路，以有

----

① 曾小华：《文化、制度与制度文化》，《中共浙江省委党校学报》2001年第2期。

效指导和帮助所有教师集中力量进行深入研究。从目前学校教科研能力和教师研究水平来看，学校宜统一规划，采取渐进策略，根据学校实际情况开展某一主题牵引下的研究，做到"设定一个统一的研究主体，进行相对一致的统一管理，开展即时性的相互评价"，让尚缺乏研究经验的教师学习如何研究，在他们具备一定的研究能力后，再开展较为独立的个性化研究。同时以学校为基础，在学校研究组织内部，通过成员（教师）间相互协作、共同进步，形成团队式的研究方式和合作精神。学校教研的这种整体研究策略，可以减轻研究所承受的压力，降低研究难度，让教师体验成功的乐趣，从而促使他们从更多角度、更多学科开展更深入的研究。其次，促进有效交流，形成宽松的对话机制。校本教研制度的建立为形成教师间相互合作的文化氛围创造了条件。在学校，既可以由校长或资深教师牵头，组织各种形式的交流会、研讨会，也可以由校内的各类教研组织如教研室、教研组、年级组等开展组间或组内的交流探讨。这些交流围绕教师个人或团队的科研兴趣、关注的问题而展开，不论是教师个人还是教研小组，只要有了问题或兴趣，就可以与他人进行探讨和切磋。学校教研的这种合作文化是以研究者的主观兴趣和自觉意识为导向的，而不是由外在的条框来规约的。最后，校本教研制度具有统一性和灵活性。学校作为一个整体组织开展研究的目的是促进和帮助教师进行研究，而不是规定所有的教师必须进行同样的研究。在提供研究思路的同时，要允许教师个人的创造；在统一思想指导下，允许具体做法和内容上的不一致。如学校在确定某一课题后，在统一指导思想和研究思路的引领下，要允许教师有不同的研究方向和研究方法，允许教师有不同的研究成果，使制度具有开放性和灵活性，从而调动教师教研的积极性。

2. 构建"学习型组织"

"学习型组织"（Learning organization）这一概念最早由美国

学者彼得·圣吉提出。他在麻省理工学院成立的"组织学习中心"对杜邦、通用、英特尔等一些著名公司的调查发现，他们共同的特点是：能迅速追踪市场变化，并正确预测未来市场走向；不以业绩和经验自傲而始终居安思危、永不满足、不断创新。彼得·圣吉认为，一个组织或企业是否是学习型组织、是否具有学习能力，是决定其是否具有生命力、是否具有发展前途的首要因素。很多学者把"学习型组织"与学校联系起来，认为"学习型组织"概念也适用于学校，建立"学习型组织"是学校的应然诉求。校本教研制度的建立为学校成为"学习型组织"提供了条件和制度保障。我国传统的学校教研主要是组织教师学习，研究教学中存在的问题，改进教学方式、方法等，学校虽具有学习型组织的某些特征，但不是真正意义上的学习型组织。真正意义上的学习型组织具有以下五个特征：（1）有一个人人赞同的学校发展的共同构想；（2）在教学工作中抛弃旧的思维方式和常规程序，不断实现教学行为的变革；（3）作为系统的一部分，成员对所有的组织过程、活动、功能及与环境的相互作用进行思考；（4）人际间坦率的相互沟通；（5）人们抛弃个人利益和部门利益，为实现学校组织的共同构想一起工作。在真正的学习型组织中，研究者是能动的、不断创新的、永不满足的个体。研究者之间是和谐、坦率、真诚的合作关系，他们的基本志趣就是不断学习、永远进取。学习型组织拥有一种由共同信仰、价值观、实践活动和管理制度凝结在一起的文化氛围，而且这种文化氛围建立后，不管人员怎样流动、领导怎样变更，其组织永远具有活力。

　　学习是校本教研的基本方式。在校本教研中，无论是教师自我反思、专家专业引领，还是教师之间同伴互助，都是一种学习，并且这种学习是自觉的、临场性的、个性化的学习，它不追求某种表面形式，而是追求学习的即时性、及时性和有效性。学习既可能发生在课堂上、办公室里，也可能发生在学校食堂的餐桌上和离校回家的路上。在这样的学习氛围中，教师所体验到的是一种乐于思考、勇于探究的生活习惯，是一种"我学习，因为我快乐"的精神享受。校本教研制度就是要营建一种学习文化，并通过组织的力量为教师的学习和研究创造条件。

略论校本教研的支持系统

在新基础教育课程改革背景下，校本教研及其制度建设已成为教育理论研究者和中小学教师关注的焦点。校本教研制度就是指开展有效校本教研而建立的规范体系，具体体现为一系列的规则。校本教研制度的执行一方面需要学校内部加强对这些规则的贯彻执行力度；另一方面也需要建立一套完善的校本教研的支持系统，使校本教研有可靠的外在条件保障，这实际也是校本教研制度建设的重要内容。

一　教育行政政策支持

1. 教学研究政策

1949 年以来我国推行统一的国家课程模式，几乎不能给学校和教师留下自主的研究空间。新一轮课程改革奠定了我国"国家课程、地方课程和学校课程"的三级课程管理模式，学校和教师开始成为教育教学实践的真正主体，而教学研究作为教育教学实践的一部分也不再是学府深斋里专家的"特权"，教师也应成为"研究者"，成为专家。国家的大政方针以及教育理念的转变使教师成为研究者并参与教学研究成为可能，但如果没有配套的教师教学研究的政策和措施，教师的教学研究也不能真正落到实处。因此，各级教育行政部门应制定相应的教学研究政策来鼓励、支持、规范、约束教师的教学研究，如规定教学研究的方式、内容、方法，规定教师的培训方式等，使校本教学研究规范化、条理化。

2. 教师评价政策

在我国教育政策体系中关于教师评价政策，相对较少并缺乏科学性。教师评价似乎只停留在教育研究者的理论探讨和学校为提高学生的考试成绩而把教师分为三六九等的简单评估中，并且两者存在明显的分离状态。在学校中倡导教师评价的新理念、新标准，把教师评价的理论研究新成果运用到学校教育实践中，教育行政部门制定相关的教师评价政策起着重要的桥梁和纽带作用。各级教育行政部门应借鉴教师评价研究的理论成果，吸收教育理论专家参与制定教师评价的政策和措施，把"教师是专业人员、是研究者"这一理念作为制定教师评价政策的重要理论依据，以此制定相关的评价标准和评价指标，鼓励教师进行能动的教学实践和教学研究，提高教师的专业素养，为以校为本、以师为本的学校教育实践和教学研究提供政策支持。

3. 相关配套政策

校本教研的计划、组织、实施、监督和评价等一系列工作，需要一定的经费，适当的场地设施和必备的资料和素材，这需要教育行政部门和学校出台相关的经费、物质、人事甚至宣传等方面的配套政策和措施为校本教研提供保障。

二　信息技术支持

1. 建立信息技术培训和学习制度

对教师进行信息技术和教育技术的培训，其目的是提高教师的信息素养，提高教师利用信息技术解决教学问题的能力。教师的教育信息能力对教师的校本教研将起着重要的支持作用，教师在教学研究中通过信息技术如多媒体、网络等获得信息资源便捷而迅速，能够尽快掌握当前有关自己研究课题的前沿问题和资料。因此在学校中建立信息技术培训和学习制度，让老师掌握和形成教育信息能力，是推动校本教研的重要因素。

2. 构建网络环境下的校本教研运行机制，利用网络技术建立一套校本教研的运行机制将增强校本教研的时效性和便捷性，提高教研效率。首先可以利用网络加强教研管理，现实状态下教研的组织实施都需要人的上传下达，需要人力、物力进行指导管理，费时费力，而利用网络资源完成这些工作将大大提高效率，如教师的课题审报、实验方案、研究成果发布在网上，老师的研究过程和研究成果可以及时被别人获悉，并能接受及时的指导、评价和管理。研究课题的开题、结题和评价在网上进行，可以隐匿研究者姓名，增加公开性、公正性和透明性；各项教研规章制度、教研信息及教研活动安排也可以通过网络进行公布和传达，省时省力。其次可以实现网上资源共享。网络等信息技术的广泛运用，为及时获取信息资源提供了方便与快捷。对科学研究而言，通过网络可以及时获取相关研究资料和获知有关该研究的现状和发展趋势。在校本教研中，通过网络等信息技术平台，可为教研提供及时的资源，并能在教师之间进行交流与沟通，实现资源共享。各级教育行政部门和学校应建立相应的信息资源共享机制，为校本教研提供方便。如建立校本教研专门的网络或网页，把有关校本教研的信息资源和最新进展及时传到网上，供教师浏览、阅读和下载。再比如建立教师个人教研情况网页，每个人的研究情况都在网上发布，让研究者及时了解和借鉴别人的研究成果，并可以通过网络直接进行探讨、交流和沟通。另外，教学问题的征集、搜集，常规性的教学活动和教育研究活动等都可在网上发布供其他教师和学校参考和借鉴。再次还可以实现网上教研，发挥现代教育技术的优势，通过网络等手段进行教学研究。在常规教学过程中，利用电脑进行备课、设计教案、课件制作，运用多媒体等技术实施课堂教学。在教学研究中，可成立网上研究机构，实现网上教研，如成立"网上研究所"这种教研的优势是拉近研究人员的距离，便于整合研究力量和研究资源，并能及时在研究人员中就某些问题进行交流。现实的研究中，一个课题组的成员往往由不同学校的人员组成，课题的立项、研究过程、研究汇报、研究交流等都需要对整个课题组成员进行召集，安排场所等费时又费力。成立虚拟的网上研究机构，说"虚"其实不虚，虽然人不能直接面对面，但运用网络等信息技术，整个课题研究过程的组织、协调与交流都能顺利进行，大大提高了效率。

三　专业支持

1. 面向学校实践开展研究。面向实际进行教学研究需要探索多种形式，如进行专业学术讲座、听课、评课、座谈会等，专业研究者要深入学校一线探索研究的有效形式。同时，专业研究人员深入教学实践一线，不是作为旁观者，而是课堂教学的剧中人，是作为特殊教师参与教学的全过程，除了参加听课、评课、教研活动外，还要深入班级了解学生的学习状况和心理特点，参与教师的备课、教学设计并定期走向讲台，作为一名中小学教师进行备课、上课，体验中小学教师的角色，获得一手的感性资料。

2. 与教师开展合作研究。校本教研中专业人员与教师的合作应是全方位的。首先是教研立项的合作，教研立项要在规划研究课题、保障研究主体权利的同时明确责任与义务，规范研究过程，避免低水平重复。课题研究组成人员的优化组合对于课题的原创性、开拓性、针对性和实效性都有现实意义，它能够提升课题的层次，拓宽课题的内涵，增强立项成功的机率；其次是教研过程的合作。教研过程一般包括计划、实施和总结三个基本环节，计划环节的合作将会使诊断更为准确，选题更为合理，假设更科学，方案更完整；实施过程的合作将促进双方互相监督，相互提醒，并在反思过程中集思广益，共同解决不断出现的新问题；总结过程的合作能使实践得到升华，且真正理解理论。中小学教师借此合作能发展自己的科学研究中的抽象、概括、分析、归纳等理性思维能力，专业研究人员也可以借此发现理论创新的生长点；再次是教研评价的合作，这种合作能促进专业研究人员深入了解中小学教研现状，并带动中小学教学研究的原创意识，同时也使专业研究者了解基础教育的要求，调整重心、明确方向。合作的形式可根据不同学校的教学研究特点和合作研究中何者为主体来确定，中小学教师为主体的行动研究，专业人员可作为参与者，给予指导和帮助，专业研究人员为主体的理论研究或教育实验研究中，中小学教师可作为参与者修正、补充、完善专业研究人员的理论假设，并为研究进程提供策略等。

3. 合理的指导和帮助

专业人员在参与校本教研与教师合作研究的同时，还要担负起指导和帮助教师的责任，尤其是新手教师，对教师的指导需要从经验和理论两方面着手，并且这一指导过程应是动态的。首先是经验的指导，在教师还处在研究的初始阶段，需要专业人员用典型的研究案例去引导和提携，增强教师对教研的感性认识。到教师进入独立研究阶段时，更需要理论的引领，专业研究人员通过对教师进行理论的启发和诱导，提升教师的抽象、概括、归纳、演绎、推理等理论思维水平。专业人员对教师的指导，是一种启发式的指导，要帮助教师独立思考而不是代替他思考，从而培养教师的独立研究的能力。专业人员切忌越位的指导，过多的指导，甚至包办代替，若那样做将会使教师的思维受到干扰而达不到真正指导的目的。专业人员应力戒话语霸权，在教师面前颐指气使，以一副权威和领导的姿态居高临下地下命令，尤其是对不同的思想、观念和行为更要以理解者、参与者的姿态，靠自己的思想和行为影响教师，做到以理服人。

第四部分
学生成长动力与自主性教育

论学生成长动力的意涵、
结构及其培养路径

学生时期是人掌握知识，培养能力，形成完整人格结构以及养成良好行为习惯的关键时期，对于他们未来的人生发展具有奠基性作用。因此，了解和研究推动学生成长和发展动力的内涵与机制，分析成长动力的构成要素，探寻成长动力的合理培养路径，具有重要的理论意义和实践价值。

一　学生成长动力的意涵

成长、动力是比较常见的术语，对其内涵的理解可能有一种类似的一致性，但如果进行学理上的探讨，尤其是针对特定的对象进行讨论时，可能要进行深入分析。本文指向的对象是基础教育阶段的学生，因此首先要对学生成长动力的内涵做一细致的探讨。

（一）成长

成长和发展是密不可分的两个概念，在一般意义上两者可以通用。现代汉语词典把成长解释为："向成熟的阶段发展。"① 成长首先变现为一种持续的过程，是一个动态的概念，

---

① 《现代汉语词典》（第五版），商务印书馆 2010 年版，第 454 页。

是"在时间上变化的过程，是成熟和环境相互作用这两者的函数"。① 在这一层面上，时间是表征成长的范畴。成长在时间范畴中具体表现为量的增长和质的变化。所谓量的增长是人成长的各种要素随着时间的推移而不断发生扩展和增加。青少年学生作为可塑性群体，需要全方位的发展，他们成长的量度涵盖了文化知识、道德品行、人格倾向、专业特长、艺术审美、身体素质、劳动技能等多个维度，学生的成长首先在于这些因素的不断的扩充和增加。所谓质的变化是上述成长的各种要素在量的积累基础上发生性质的变化，突破原来的状态产生质的飞跃。

成长体现出来的时间的持续性以及以此产生的量的增长和质的改变，反映了一种事实状态，与此相伴相生的是价值上的倾向性。现实生活中，人们一提到成长，往往蕴含了价值上方向上的肯定性，即成长体现的是一种积极的、肯定的、充满正能量的发展方向。学校教育中要求学生掌握科学的文化知识，形成良好的道德品行，培养完善的人格结构等，都是一种对学生的素质发展在价值方向上的好的预期。只有对学生各方面的发展进行目标和方向上进行一种价值上的好的规定，才能使他们沿着正确的道路成长和发展，才使得学校教育具有真正的育人价值。

(二) 动力

动力，简言之是指事物前进和发展的推动力量，既指向客观事物也指向人。在此主要从人的意义上探讨动力问题。人的动力主要是指精神层面的心理、思想、意志、情感等方面的推动力量。古往今来，哲学、伦理学、心理学等从不同角度探讨动力问

---

① 肖川：《教育的理想和信念》，岳麓书社 2002 年版，第 69 页。

题。早在古希腊时期，亚里士多德认为："灵魂是生命体的起因和根源"，初步提出了生命体的动力问题。近代的康德开始把意志作为人的理性的动力。他指出："所谓意志，就是指一切有理性者所具有的起因力。"① 这里的起因力，就是推动理性者做出判断进而行动的动力。黑格尔也说："那个使他们行动，给他们决定的存在的原动力，便是人类的需要、本能、兴趣和热情。"② 黑格尔把人的心理因素中的需要、本能、兴趣、热情等作为行为的原动力，提出了关于人的动力的思想。近代以后的心理学家则从心理层面对动力进行了更深入的分析。弗洛伊德提出了"本能动力"的概念，认为本能是愿望的心理表现，是存在于个体内部的激发行为的力量。赫尔提出了驱力的概念，指出："人们常说，需要激起或发动与其相关的活动。需要的这种动机性特征，可以视作主要的引起动物的驱力。"③ 卡特尔把动机描述为："促使个体朝一定目标行动的倾向。"④ 从上述论述可见，心理学更多是从人的各种心理活动和行为表现上解释推动人前进和发展的心理作用力，哲学更多是从精神意志价值等层面说明推动人发展的精神作用力。两者都是从人的主观方面的各种内在表现来阐释推动人发展的作用力。

（三）学生成长动力

　　基于上述对成长、动力的概念分析，学生成长动力是指学生在文化知识、道德品行、人格倾向、专业特长、艺术审美、身体

---

① 《西方伦理学名著选辑》（下卷），商务印书馆1996年版，第375页。
② 黑格尔：《历史哲学》，上海三联书店1956年版，第76页。
③ 伯纳德·韦纳：《人类动机：比喻、理论和研究》，浙江教育出版社1999年版，第75页。
④ 林崇德等主编：《心理学大词典（上）》，上海教育出版社2003年版，第226页。

素质、劳动技能等多个发面朝着积极方面持续变化的推动力。学生的成长动力的内涵首先表现在其内容，上述所提到的知识、品德、人格、专业、审美、身体等内容都是学生发展不可或缺的组成部分，也是他们由学校走向社会、由幼稚走向成熟、由自然人走向具有专业特长和劳动能力的社会人所必备的基本素质。其次，表现在过程及方向上，学生成长是一个动态的变化过程，是一个持续的、渐进的过程，具有可塑性和多种可能性。这一过程在方向上是积极的、肯定的和有价值的，它预示着学生的成长、成才和成功。再次，这一过程的推动力来自于认知、情感、意志、态度、需要等智力和非智力的综合推动，是它们的综合作用为学生成长的持续性带来了动力，同时也规定着他们成长的方向。

需要指出的是，学生成长动力主要侧重于内部心理和精神的因素，外在因素虽然不是直接的动力却也对学生的成长起着影响和条件性作用，它们会通过一些不同方式影响内部心理和精神因素，如家庭环境、学校教育以及社会影响，这些因素都对学生的成长和发展起着潜移默化的作用，有的还会起着很重要的作用。因此，这些外在因素也成为推动学生成长的不可或缺的动力因素。本书学生生成长动力结构的分析，就是从内外两个层面加以建构的。

二　学生成长动力的二维结构

来自学生内部的认知、情感、意志、态度、需要、品德等因素是学生内生的本体性动力因素，对他们的成长起着根本性作用；而外部因素如家庭、学校、社会等因素是一种外塑性的影响因素，它们间接地影响上述内部因素而起到推动学生成长的力量。在此把二者概述为内生性动力和外铄性动力，它们构成了学生成长的二维动力结构。

（一）内生性动力

1. 认知动力

亚里士多德说过："求知是人类的本性。"① 追求知识，认识世界是人类的内在本质，也是人发展的动力。认知动力是指为追求知识以及由此拓展视野、提高素质、培养能力而产生的推动力量。认知动力会促使人们孜孜以求获取知识，同时以知识的增长和对知识的应用为实现途径。就学生而言，正是获取知识的关键期，这时他们接触的知识正是简单知识向复杂知识过渡的时期，也是基础知识向专业知识过渡的时期，积极的认知动力会为他们学习知识带来持续的内驱力量。学生的认知动力可以从两个层面来考察。一是求知动力。从认知的动因来看，人都有求知的需要，这是人的本能要求，当人生活在世界中时，时刻面对着未知的事物，而人要想顺利地生活下去，就需要掌握和理解自然和社会的各种知识，以应对和适应自然和社会，这成为人们通过不断学习来充实和提高自己的动力。凡是求知欲强的人，这种动力就足，就会促使他们不断地学习，活到老学到老。学生时期正是人的智力活跃期，学生的求知欲比较强，另外对自然和社会的各种知识正处于积累期，加之他们的自我意识和自主能力正在逐渐形成，他们会对未知的知识有着强烈的探索欲望，并能积极、主动地去学习和探求。二是知识动力。即知识本身对人产生的动力。知识从其结果来看，是人们认识世界系统化、理论化的研究成果，是科学研究对自然和社会的验证和规律性的结论，反映了人认识世界和改造世界的能力，是人类智慧的结晶。掌握知识本身就会对人产生强大的动力。培根说：知识就是力量。学生通过系统地掌握科学文化知识这些人类的认识结晶，就会产生认识动

---

① 亚里士多德：《形而上学导论》，商务印书馆 1959 年版，第 2 页。

力，它促使学生更加以积极地心态去面对知识、渴求知识。教育现实中，那些知识掌握牢固，学习优异的学生往往具有更强的求知欲，他们更加愿意学习，获取更多知识，这就形成了知识学习的良性循环，求知带来了知识，而知识的积累，更促使学生去探求知识、获取知识。

2. 情感动力

情感是指对人和事物产生的爱憎、好恶的态度。它一般是在认识基础上形成的，是人成长和发展的内驱力，是一种巨大的精神力量。人的情感包含了丰富的内容，心理学把情感分为情绪和情感两大类，低层次的个体体验即为情绪如喜、怒、哀、乐、惧、好、恶等，高层次的社会性体验如爱情、友情、亲情、乡情、道德情感、爱国情感等。按性质区分，情感又分为积极情感和消极情感，积极情感是指对人产生积极和肯定体验的情感，如喜欢、爱慕、愉快、同情等，消极情感是指对人产生消极和否定体验的情感，如反感、厌恶、冷漠、恐惧、消沉等。本文所指情感动力中的情感主要指积极的情感，它是推动学生成长和发展的积极、正面的精神力量。

学生时期一般表现为情感丰富、热烈、不稳定、易变，情感一旦产生就会产生巨大的推动力量。因此积极的情感动力，是促使学生健康成长的巨大力量。学生的积极情感一般来自三个方面：一是师生之情。融洽的师生关系，老师对学生的关爱、关心，对学生的信任、宽容，是使学生获得情感归属的动因，著名的课堂上的"皮格马利翁效应"就是典型例证。二是学习之情。学生的天职就是学习、完成学业，以此促进身心健康成长，而保持对学习的积极情感，是促使他们积极投入学习、完成学习任务的巨大动力。学习之情的表层是对学业的兴趣与爱好。兴趣是"由某一具体情节或任务与个体独特的需要、能力、技巧和价值观相互作用而引发的一种情绪"。① 学生的感知、记忆、注意力、想象、思维等认知活动几乎都与兴趣相关，强烈的兴趣爱好就是很好的学习之情；学习之情的深层则是学习的价值与意义。学生充分理解学习对于未来成长的价值和意义，认识到自己的成长、成才会对社会、他人带来积极的社会价值，他们自然会树立坚定的学习信念，并把学习作为坚持不懈的努力奋斗目标。

3. 意志动力

意志是为达到一定目的而表现出的自觉能动性，表现为坚定、持久的坚毅精神。在行为上体现为为实现个人确定的目标而严格约束自己，并能克服种种困难，排除各种干扰和障碍，从而顽强地坚持下去。意志属于情感的升华，比情感的推动力更强大、目标更明确、行动更具针对性和果断性，因此意志也是一种巨大的精神推动力。学生的意志动力，一是表现在自我决定的能力。人作为主体，其主体特征的表现在于自己为自己做主，即对自己的行为具有自我决定的能力，即自主力。学校生活中虽然要受到学校纪律、规章、制度等的规范和约束，但学生自主的空间是相当大的，他们的学习和日常生活在很大程度上需要自我做决定，自我做出安排，如制定学习计划，日常学习，良好生活习惯的养成等，如果没有自我决定、自我执行的意志动力，他们就无法主宰自己的生活，也就谈不上成长、成才。二是自我控制力。学生时期思想活跃，精力旺盛，感情充沛，容易冲动，做事不考虑后果，因此要培养和形成自我控制力，对自己的思想和情感进行理智的分析和思考，在行动之前进行意义和价值反思，做出合理判断，避免感情用事。三是自我忍耐力。忍耐力与控制力相伴

---

① ［美］托马斯·费兹科等：《教育心理学——课堂决策的整合之路》，吴庆麟等译，上海人民出版社 2008 年版，第 184 页。

相生。控制力更注重对行为方向、程度和具体细节的控制，忍耐力更多是对思想、情感等心理因素的缜密思考和权衡，不武断，不固执。学生时期往往易冲动，对问题缺乏深入、周密思考，行动具有随意性，并且不易坚持，容易浅尝辄止和轻易改变，而忍耐力可以帮助他们遇事进行周密思考，多方思量，保证做出结论的正确性和有效性，进而保证行为的正当性。四是自我调节能力。对自己的思想和行为进行有效调节需要付出一定的意志努力。生活经验告诉我们，很多事情最初的想法一般不会很清晰和正确，需要不断地调整和改进，人的行为也会随着不断进行调节，学会善于对自己的原初想法和不成熟行为进行及时的调节和改进是促使人不断提升素质的动力之一，学生时期更是形成思想、发展行为能力的重要时期，学会及时调节和管理自己的思想和行为，使自己的思想不断成熟，行为逐渐合理化是推动成长的有效催化剂。

4. 行为动力

行为是在经过对事物的认知、情感态度的体验感悟以及经过意志努力后采取的行动。人的行为一般作为内在心理活动的外显结果，表面看似乎不具备内在动力的性质，实际上却是融合了认知、情感和意志等内部因素的综合表现。人的行为结果，尤其是成功、有效的行为又强化了认知、情感、意志等作用，是上述三种动力综合化的体现。学生的有效学习行为，如通过运用科学的学习方法，经过合理的复习，取得好的学习成绩，反过来会增强学生的认知兴趣，丰富成功愉悦的情感体验，提升他们的意志力量，会推动后续的进一步学习。因此，在学校教育中培养学生良好的学习习惯，教给他们科学的学习方法，养成良好的生活习惯，培养他们形成有效的行为能力，会对他们的成长形成强大的推动力。

（二）外铄性动力

1. 家庭氛围

家庭是孩子的第一所学校，父母是孩子的第一任老师。家庭环境和教育文化氛围，父母的受教育程度和教养方式，对孩子的成长具有潜移默化的推动作用。家庭氛围对孩子的影响主要通过以下几种方式：一是家长的文化素养。受过高等教育、文化素养高的家长往往更注重对孩子的教育，家庭文化生活和学习氛围较为浓厚，家长会主动关心孩子的学习和成长，如主动询问孩子的学习，经常检查和辅导学习，解答各种疑难，提供良好学习方法，教导孩子养成良好的生活习惯，教给他们做人做事的原则等。二是家长的职业特点。职业的不同伴随着工作方式和生活方式的不同，在一定程度上造成了不同的家庭环境、不同的学习氛围以及不同的教养方式，这些方面程度不同地作用于子女，产生不同的教育效果。三是家长的期望水平。有研究发现家长的期望水平与孩子的学业成就呈正比。家长的期望往往通过语言、神态、情绪、行为等对孩子产生心理影响。正面、合理的期望会使孩子有一颗积极的心态，对未来充满信心，学习发奋努力，并在德、智、体各方面主动活泼地发展。四是家居环境。家庭居住环境也会对学生的成长产生影响。家居环境一般指居住周围的社会风气、治安秩序、人际关系、文明程度等，这些因素会对孩子的生活习惯、道德修养乃至人生观、价值观产生潜移默化的影响。家居环境处在和谐、健康的氛围中，会对孩子的成长产生积极推动作用。

2. 社会期待

社会期待是指在一定思想文化观念的引导下，社会对学生成长、成才的标准有一个约定俗成的规范和标准，形成对学生的社会期望，然后通过不同渠道向学生传递这种期望以使其产生某种社会推动力的过程。学生受教育的过程就是一个从个体化到社会化的过程，是一个学生从自然不成熟的个体，到社会化的成熟个体的过程，学生成才的标准就是是否达到社会化的规范。学校教育只是为学生掌握未来必备知识，形成道德理想信念打下基础，社会化的舆论和期待会促使学生把所学知识和人格修养经由社会标准的塑造，使之趋于社会化。社会期待既是社会对学生成长的标准和规范，也是对学生发展的要求，它发挥的作用在两个方面：一是使学生按照这些规范和要求去发展，起到一种指向和目标的作用。社会期待对于学生树立发展目标、调整学习方向、纠正不良行为习惯、培养集体意识和合作习惯都会起到积极的推动作用；二是作为一种外在压力，推动学生主动发展。社会经济的发展，社会结构的变化，社会用人标准的提升以及就业的竞争，会对学生产生一定的压力，驱使他们不断主动学习，主动寻求进步，为未来的社会化竞争中争得一席之地，此时，这种压力就成为一种动力。

3. 学校环境

学校是青少年学习和生活的主要场所，也是他们成才成长的策源地。学校环境的根本旨归在于它的育人功能，学校的任何教育活动以及学校环境乃至校园中的一草一木都应具有推动学生成长的激励作用。学校环境对于学生发展成长的动力作用表现在学校精神环境和物质环境两个方面。学校精神环境首先体现在课堂教学的育人氛围。课堂教学主要是在教师和学生之间通过传递知识、交流思想、表达感情、培育德行的育人活动，在教学活动中应体现学生的主体地位，教师应关爱学生、宽容学生，尊重他们的认知和思想，善于引导和呵护他们的思想和心灵，激发他们的学习热情，培养他们的创造性，积极引导他们发自内心的原初灵感。教育的根本目的在于发现，在于引领，在于自我教育，从中展现教育推动学生成长的内在动力。其次是和谐融洽的人际氛围，师生之间、生生之间、师师之间处处体现一种理解、宽容、启智、塑德的教育关系，形成校园人际关系的育人氛围。再次是形成砥砺智行的制度氛围。学校的各种规范、纪律、规章、制度不应以约束、控制为目的，而是以启智、富德、激情、厉行为旨趣，通过规章制度形成学校的育人文化，激发学生的成长动力。最后是良好的校风学风。良好的校风学风会为学生成长提供很好的氛围，如文明和谐的校园文化、积极上进的班级风气、勤奋求实的学习风气，都会使学生浸润于一种积极向上的环境中，"比学赶帮超"，对学生的学习和成长产生带来积极的正能量。学校的自然物质环境也为学生的发展带来裨益，如错落有致的校园建筑、干净整洁的校园环境、绿草如茵的校园绿化等，学生置身其中感受到一种潜移默化的教育力量。

三　学生成长动力的培养路径

基于学生成长动力的二维结构，对其动力培养的路径也从这两个方面入手：一是内在路径，二是外在路径。内在路径中一是基于学生为本的人的路径，二是基于教育方式方法的手段路径；外在路径中，一是基于教育制度建设的路径，二是基于教育环境建设的路径。

（一）内在路径
1. 基于学生为本的人的路径
学生的成长也是外因与内因综合作用的结果，外因是条件，内因是根本，内因是决定的因素。学生成长的内因就是他们自己，探讨学生成长动力路径离不开学生自己。学生是教育的主体，是他们自身成长的物质承担者，也是成长动力的生成者和践行者。上述内生动力是学生本人的内部心理品质和倾向，外烁性动力也只有被学生接纳和认同才能真正发挥出动力的效能，因此，无论是内生动力还是外铄动力，只有经过学生本人的接受才具有存在的价值，才真正显现动力的作用。这些动力因素经由学生本人的知会转化为行动目标的内心倾向，并通过学生的践行外化为积极的行为表现，这些都需要通过学生本人来实现。作为外在的教育者"教师只能让学生自己读书、自己感受事物，自己观察、分析、思考，从而使他们自己明白事理，自己掌握事物发展变化的规律"。① 只有充分尊重学生的主体地位，才能真正产生内在的发展动力。同时，在学生成长过程中，学生本人是第一位的，但教师、家长、同学、朋友、社会公众也是不可忽视的因素，他们充当了学生成长动力实现的辅助者，尤其是老师，在教育教学中发挥着重要角色。老师的知识传递、良好的道德示范、健全人格的率先垂范，都会对学生的成长产生巨大的推动力。同时，家长的教育和以身作则，同学的友情和鼓励，社会的期望都会对学生成长动力发挥积极影响。

2. 基于教育方式方法的手段路径

教育过程中教育内容和教育手段即教育方式方法相辅相成，内在统一，但人们往往认识到教育内容的重要性，教育方式方法只是实现传递教育内容的手段而处于次要地位。其实传递教育内容的方式才更具教育性，而教育内容只是一种结果，真正的教育在过程中，即在教育方式对人的启迪价值。正如日常教育中大多数学生对于老师教会了多少知识并无过多的感触，而对教师育人的方式方法却记忆犹新，有时会终生难忘，因此对学生成长动力的激发更要注重教育的方式。新一轮课程改革中，把过程与方法作为教育的重要目标，彰显了它的育人价值。新课程改革确立了

---

① 教育部基础教育司：《走进新课程——与课程实施者对话》，北京师范大学出版社 2002 年版，第 12 页。

自主学习、探究学习、合作学习的新的学习方式，对于发挥以学生为本的教育理念提供了方法方面的基础。学生通过积极主动地自主学习，通过问题的探究性学习，以及小组合作学习，充分发挥学生的主体性。在这些学习方式运用过程中，学生不仅获得了知识，发展了能力，更重要的是，彰显了他们作为教育主体的独立性、自主性、创造性，加之教师的适度引领与启迪，会激发学生的学习热情，点燃学生内心的创造灵感，形成自我成长的强大动力。

（二）外部路径

1. 基于教育制度建设的路径

当代教育理念凸显"以学生为本"。新课改提出了一切为了学生，为了一切学生，为了学生的一切。教育制度的设计和实施要体现这种理念，制定符合学生成长和发展的人性化的教育制度。这种以学生为本的教育制度设计对于学生的成长动力的生成以及作用机制具有重要的意义。这种制度一要体现尊重学生的差异性和多样性，意在培养学生独立的个性和自我发展的素质；二要帮助学生形成自我成长的目标意识，培养他们自主学习，主动掌握知识，学会学习，个性化发展的能力；三要体现制度的激励作用，通过制度设计，意在唤起学生的自我发展意识，激发学生将成长动力转化为积极有效的行动，通过主动发展，追求自我目标的实现；四要发挥制度的保障作用，形成民主、平等、公平的教育环境，使不同学生找到适合自己的发展目标和路径，尤其对于欠缺某些条件的学生，最大化地实现他们的潜质和优势；五要通过设计完善的评价机制，在评价制度设计中体现过程性评价、发展性评价的理念，把评价作为推动学生发展的手段，而不是做出肯定和否定的结果性评判，发挥评价的激励作用，进而实现教育制度的动力作用。基于上述教育制度设计的基本要求，在制定具体教育规章制度时弱化制度的刚性作用，减少制度的约束作用，体现制度的人文关怀，发挥制度的激励作用，把教育制度变成促进学生自我成长的助推器。

2. 基于教育环境建设的路径

前已述及，学校环境是推动学生成长的外在动力，校园文化、课堂教学、校园物质环境，对学生的发展和成长起着启蒙、引领、导向和规范的作用，因此学校要通过校园文化建设，课堂教学育人价值的开发，学校物质环境的育人功能的塑造，营造学生成长的良好的校园环境。同时社会环境也对学校教育以及学生发展起到间接的影响。社会风气、主流价值观念、社会生活方式等都会对学生的成长起着重要作用，因此，社会群体中的各种角色人群应该共同努力，形成积极、正确的环境与氛围，把良好的社会风气、正确的价值观念和健康的生活方式维护好，发扬好，使之对学校教育产生积极影响，进而对学生的成长产生正面效应。

论学生的认识自主性及其教育

认识活动是教学的主要内涵之一，学生的认识活动确实具有一定的特殊性，如对于书面知识即间接知识的学习等，并且学生的认识虽然融合了情感、意志、态度、价值观的多维活动过程，但主要还是心理学意义上的认知活动，即感知、思维、记忆、想象等智力活动过程。虽然这一活动中情意因素起到很大的推动作用，在这一过程中，学生作为认识的主体不是对认识对象的被动接受而是具有能动的自主性，学生的认识过程本质上是一个自主、建构乃至创造的过程。

一 学生认识自主性的表现

1. 对认识对象（知识）的占有

课堂教学中，学生的学习活动主要是在老师引领下的认识活动，它以掌握间接经验（知识）为主，这种认识首先建立在对知识的掌握和占有上。心理学上把接受性学习概念定义为："经验传递系统中，学习者对经验的占有和掌握。即把前人经验变成自己的经验，从而获得经验的过程。"[①] 学生在认识新经验、新知识的过程中必然有接受性的知识的输入过程。尤其是在认识之

---

① 林崇德等主编：《心理学大辞典（上）》，上海教育出版社 2003 年版，第615 页。

初，由于学习者原有认知结构还没有和新知识完全建立起联系，此时新知识往往是以一种无意义的形式输入到认识者的认知结构中的，如儿童早期对课文、古诗的背诵。此时由于新知识还没有完全融入到学生的认知结构中，因此它们往往以独立、表象的形式存储在认识者的头脑中，还没有与原有知识系统产生联系。我们一般称作感性认识。接受性的知识或经验的传入，即接受性认识过程也不是简单的复制过程，因为它不同于物的传递，不可能以不变质、不变形的现成方式直接进行，而是经过学生一系列生理和心理的加工及变换过程。如小学生同样背诵一首古诗，但在头脑中的体验和感受却是不同的。因此知识的接受不能视为简单的、被动的、消极的，而是有意义的。这种接受性认识也存在着不同水平，在低级水平上，认识者虽然记录下了认知内容却没有产生意义，特别是学生还没有相应的知识基础时。如根据语言学家索绪尔的观点："当听话人和说话人知识存在差异时，听话人有可能只是听到声音却不一定产生概念。"① 此时，老师所讲的和他们所记诵的可能只是语言或声音的符号；而在高级的水平上，可能就会达到"心领神会"或"融会贯通"，这时知识或经验虽然仍以被动接受式的方式输入，但在他们意识和认知里已经主动产生了意义。

需要指出的是，不论是儿童还是成人在学习初期阶段都具有接受性认识的特点，并且这种认识过程也伴有自我感知性、自我独立性和独特性，因此它也不是完全没有自主性认识的成分，而是学生自主性认识的基础和起点。

2. 反思批判性认识

学生作为认识主体具有自主性的表征就是对于认识及认识获

---

① 陈明芳：《论索绪尔和萨丕尔的语言观》，《湖南科技大学学报》（社会科学版）2006 年第 2 期。

得的经验和信息不是简单的被动接受过程，而是对其进行积极的思维运作，形成能动的认识，也就是对其进行反思和批判。这是把认识信息纳入自身认识系统的重要环节。杜威的反省思维给我们提供了很好的启示。教学认识活动主要是思维参与的活动，杜威认为教学思维的最好方式是一种反省思维，在其《我们怎样思维：经验与教育》一书的"我们怎样思维——再论反省思维与教学的关系"一章中多方面论述了反省思维的内涵及对教学认识的意义。在阐释反省思维时他说道，"这种思维乃是对某个问题进行反复的、严肃的、持续不断的深思"，① 即反省思维是一种连续性、严密的具有逻辑推理性的思维过程。"反省思维不只是包含连续的观念，而且包含着它的结果——一种连续的次第，前者决定后者，后者是前者的正当的结果，受前者的制约，或者说，后者参照前者。"② 从杜威的论述来看，如果把教学认识活动看做是一个思维活动过程的话，它不仅包含了接受某个知识结果，而且包含了一个连续的对知识的认知推理过程，类似于一般说的是什么？为什么？怎么样？并构成一个逻辑相沿的序列过程。杜威同时也把思维看成是一种信念：

> 信念是超于某事物之外对事物的价值作出的测定；它对事物、原则或定律的性质作出一些断定。这意味着对事物或定律的断定或是肯定的或是否定的，或采纳或拒绝。信念对某种事物作出适当的判断，至少是默认。信念的重要无需多加强调。信念包含那些我们无确定的知识，然而却确信不疑地去做的事情，也包含那些我们现时认为真实的知识，而将

---

① ［美］约翰·杜威：《我们怎样思维：经验与教育》，人民教育出版社 1991 年版，第 1 页。

② 同上书，第 2 页。

来可能出现疑问的事情——正如同过去许多曾被认为是确实的知识，现在却变成了不过只是一种看法或者竟是错误的。①

　　杜威把思维等同于信念的意义就在于思维过程中主体情感、意志、价值观的参与过程，也就是说认识的获得不是单纯认知过程而是主体价值参与的过程，需要接受价值的判断，认识反思的意义由此可见一斑。基于此，接下来他对反省思维进行了多次深度界定："对于任何信念和假设性的知识，按照其所依据的基础和进一步导出的结论，去进行主动的、持续的和周密的思考，就形成了反省思维。""反省思维一旦开始，它便具有自觉的和有意识的努力，在证据和合理性的基础上，形成信念。""某事物的可信（或不可信）不是由于它本身的缘故，而是通过作为证明、证据、证物、证件、依据等的其他事物来体现，即是说，是信念的根据。""现有的事物暗示了别的事物（或真理），从而引导出信念，此信念以事物本身之间的关系为依据，即以暗示的事物和被暗示的事物之间的关系为依据。"②

　　基于对反省思维不同角度的论述，杜威概括了反省思维的五个阶段，后世称为"五步法"，具体包括：第一，联想，即心灵趋向一种可能的解决方法；第二，问题，即将所觉察到的困惑或疑难抽象化为一个需要解决的问题；第三，假设，即使用一个又一个的建议，作为解决此问题的观念或假设，并通过观察与其他工作，搜集解决此问题的材料；第四，推理，对作为观念和假设

---

　　① ［美］约翰·杜威：《我们怎样思维：经验与教育》，人民教育出版社1991年版，第4页。

　　② 同上书，第6—9页。

的心理操作;第五,以外表或想象的活动试验假设。有研究者借鉴了杜威的观点,把反思归纳为五个阶段,即"(1)内在不适感。(2)识别和澄清问题。(3)对来自内外的信息有敏感性,有观察和吸收多种看法的能力。(4)决议,由'整合'、'一道'、'接受自我现实'以及'创造性综合'表达。(5)建构过去、现在以及将来自我的连续体。(6)决定是否按反思加工的结果行动"。[①]

根据杜威的反思性思维与过程及其后来者的研究,我们从中至少可以得出几点结论。第一,认识活动(思维活动)不是被动接受现成知识结论的过程,而是一种能动的反思、探寻的过程,具有创造性探究的性质;第二,认识活动的这种反思、探寻活动,包括了认识的诸多连续的环节,是一个逻辑推演的序列,如疑问、求证、依据等,在这些环节中贯穿着认识主体的自觉的、有意识的意志努力,是一种能动性的探究过程;第三,认识过程也是一个情意、价值等主观因素参与的过程,渗透了主体的价值判断,而不是盲目地接受。所以,杜威在概括反省思维的教育意义时提出,它使合理的行动(认识活动)具有了自觉的目的,因而可能作出有系统的准备和发明,使事物(认识对象)的意义更充实。

杜威的反思性思维虽然指出了思维的能动性、探究性等与认识自主性有关的核心要素,但它的目的最终还是为了接受和发现客观的知识,还是一种不完整的自主性认识。

学生的自主性认识还应包含着对认识对象的猜想、质疑、反驳、证伪等,即具有对认识对象的批判性。按照波普尔的观点,科学的发现不在于证实,即寻找与客观世界符合的证据,而在于

---

① J. Calderhead et al. , *Conceptualizing Reflection in Teacher Development*, pp. 83 - 86. 转引自熊川武《反思性教学》华东师范大学出版社 1999 年版,第 49 页。

猜想和反驳，是一种证伪的过程。"一种不能用任何想象得到的事件反驳掉的理论是不科学的。不可反驳性不是（人们时常设想的）一个理论的长处，而是它的短处"，"对任何一种理论的真正检验，都是企图否证它或驳倒它。可检验性就是可证伪性"，"衡量一种理论的科学地位的标准是它的可证伪性或可反驳性或可检验性"。①波普尔主张科学知识的获得是通过不断的对已有认识的猜想、反驳、质疑、批判即证伪来获得的："通过批判其他人的理论或猜测以及——如果我们能学会做的话——通过批判我们自己的理论或猜测"②。波普尔的证伪论虽然有点极端，但至少告诉我们在面对新事物或他人的已有认识（知识）时，要鼓起反思、批判的勇气，在质疑、猜想、反驳中获得属于认识主体自己的认识。

学生的认识过程虽然以间接认识和掌握知识为主，但对已有知识的反思、质疑，甚至猜想、反驳、批判更是难能可贵的，这是创造性认识的题中之意。中国教学传统中，往往把知识看作是"与客观事实的符合"，是"已成定论的结论"，学生学习知识就是接受这些定论性的认识成果，不鼓励学生去反思、质疑、批判，导致他们缺少对知识的创造性认知，更重要的是他们缺少发现、创造知识的科学方法。因为按照波普尔的观点，真正科学知识的发现是通过猜想、反驳和批判即证伪获得的，而不是靠接受、复制获得的。从这个意义上来说，学生的学习不仅是获得知识，更重要的是获得获取真理性知识的方法，即学习是学会反思、批判性认识或思维的方法。

迪尔邓对认识自主性的批判反思品性的论述更具说服力。他

---

① ［德］卡尔·波普尔：《猜想与反驳——科学知识的增长》，博季量等译，上海译文出版社 2005 年版，第 26 页。

② 同上书，第 28 页。

基于人的认识提出了一个自主性的界定，指出一个人达到"不参照他自己的心智活动，就无法对他想些什么与做些什么作出解释的程度"。[①] 对此他提出了人认识自主性的三条准则，即"（1）他对想些什么与做些什么形成自己的判断；（2）他倾向于对自己初步的判断作出批判性的反思；（3）他倾向于把对这些初步的和反省的判断的实际信念与行动整合起来"。[②] 本书认为，迪尔邓对认识自主性的归纳，是对杜威反思性思维的升华，也是对波普尔证伪思想的超越。学生作为认识主体对外部输入的知识要形成自己的判断并对他们进行批判性的反思和检验，然后形成自己的认识结构和理念并付诸解决问题的实践，比较全面地反映了学生认识自主性过程。

3. 建构性认识

学生是认知加工的主体，是意义的主动构建者，而不是外部刺激的被动接受者和被灌输的对象。真正的认识是主体自我构建的，是基于接受和反思基础上的主动构建过程。皮亚杰的认识发生论作为建构主义的原发理论基础很好地诠释了认识的建构过程。前面已对发生认识论的几个主要概念进行了阐释，即图式、同化、顺应和平衡，为省笔墨，在此只作简要陈述。图式是指个体原有的知识结构或网络；同化是指把外部的有关信息吸收进来并结合到已有的认知结构中，亦即图式的形成过程；顺应是指外部环境的变化使得儿童原有认知结构无法同化所引起的儿童认知结构的变化，即儿童的原有认知结构发生的重组和改造；平衡是

---

① Dearden, R. F., Autonomy and Education. In Dearden, R. F., Hirst, P. H. & Peters, R. S.（Eds.）, *Education and the Development of Reason*, 1972, chap. 25. 转引自瞿葆奎主编《教育学文集・智育》，人民教育出版社 1989 年版，第 27 页。

② Dearden, R. F., Autonomy as an Eduation Ideal, In Brown, S. C.（ED.）, *Philosophers Discuss Education*, 1975, chap. 1. 转引自瞿葆奎主编《教育学文集・智育》，人民教育出版社 1989 年版，第 27 页。

一个动态概念，同化与顺应的交互作用过程。当儿童能用图式同化新的信息时，他的认知就处于平衡状态，而当现有认知结构即图式不能同化新信息时，认知平衡被打破被迫寻找新的平衡，儿童的认知结构就是在一种"平衡——不平衡——新的平衡"的循环中不断丰富、发展和提升。按照皮亚杰的认识发生论，人的认识在于"相互作用"和"自我建构"。儿童的认识结果即知识不是对外部认识对象的简单描摹，也不是主体内在的预先生成，而是由主体与外部认识对象相互作用进而逐步建构形成的。就教学认识来说，学生的认识活动应是一种积极主动和不断建构的活动，学生的知识获得不是由内部认知结构和功能的成熟或外部教学的灌输和接受所支配的，而是一个双向的积极建构过程。学生通过自己的认识活动，不断构建和形成他的智力的基本概念和思维形式。学生是主动的学习者，知识的获得并不是由教师传授给儿童，而是儿童在一定的情境即知识文化背景下，借助于教师或同伴的帮助，利用必要的学习材料，通过积极的意义建构而获得。

基于发生认识论原理，学生认知结构中形成的内在动机是认识发生的基础，教师的奖罚之类的外部强化并不起主要作用。儿童认知上的冲突使之产生最大限度的不平衡，就会激发儿童的求知欲和好奇心。在这一冲突中同化和顺应随即发生，人的认识过程由此展开。课堂教学中，学生的认识只有在原有的认知结构与新学习的信息产生冲突和不平衡才能引起认识的真正发生，外在的因素，如老师的鼓励、奖罚只是起一种辅助作用。学生的认识活动是一种内外双重建构和对外部认识对象的同化与顺应的双重处理过程，在这一过程中学生的认识具有能动的主体性特征，对于知识或信息的获得，学生的积极思维是主要推手。

需要指出的是，发生论认识原理只是在心理发生或认知层面上揭示了认识的主体建构思想。学生的认识过程是一个以思维（认知）为主导，融合了情感、意识、体验、态度等多种非智力因素综合参与的过程。学生的认识一旦发生，必定伴随着情感、态度、价值观等情意因素的作用，这才能从完整的意义上构成一种自主的建构性认识。对此，以罗杰斯为代表的人本主义教学认识论弥补了皮亚杰发生认识论的缺陷。他们批判了主智主义的教学认识论忽视了儿童的情意因素，片面强调了人的认知能力："现代教育之悲剧在于只承认认知学习的重要性"①，主张教学要融汇人的心智、情感、精神、心灵等，亦即教学要培养知情意一体的"自我实现的完整的人"的教育理念，为此提出了"意义性自由学习观"和"非指导性教学"的思想。罗杰斯意义学习的核心是把认知和情意因素融合在一起构成完整的学习，即把逻辑与直觉、理智与情感、概念与经验、观念与意义等结合在一起，情意深化认知，认知促进意义生成，这样才能完整体现学习的自主性。自由的意义学习观和"非指导性教学"所体现的理念包括：学习是一个主体整体参与的活动，即情意与认知都参与的活动，并由学生自我发起；学习是儿童的潜能，对认识对象的好奇心、求知欲是儿童情智的本能，教育应以学习者为中心；在真实的问题情境中自由探索是学习的真意，也只有此学习才是真正自主的；学生是学习的主体，教师是学生学习的参与者、促进者，"非指导"者。② 学习过程不仅是知识的习得过程，更是掌握学习方式和塑造完善人格的过程。

　　由此观之，认识的建构过程以一种认知与情意相互作用彼此

---

① Rogers. C. R. , *Freedom to Learn* , Columbus：Charles E. Merrill, 1983, p. 6.

② 罗杰斯主张的"非指导"中的指导是指传统教学中教师直接告诉、简单命令、详细指示式的指导，是一种以教代学。他所说的指导是另一种形式的指导，即教师通过促进和引领学生去独立的思考和学习，教师是一个促进者角色，是一种以学立教。

渗透共同构成完整的认识过程，在此意义上学生的认识才真正达到自主状态。需要说明的是，以上学生自主性认识的三方面表现不是各自独立而是彼此融汇，是一体三面。学生的认识过程既是接受性的，也是反思批判的，更是认知与情意交互建构的，是一个多层次复杂的过程，而贯穿这一过程的主要推动力则在于学生能动的主体性、自主性，亦即学生真正的认识是自我实现的，即自主的。

二　学生认识自主性的培养策略

（一）生成确真性问题

有学者认为"教学就是解决问题"，[①] 学生的学习过程就是在认识中生成问题并解决问题的过程。学生的自主性认识的起始在于对于认识对象即知识的问题意识，并且这些问题要具有确真性。所谓确真性问题是指对于学生来说具有"真实性"而且是随着学生认识的展开，在困惑中自觉生成并需要付出意志努力进行思维探寻的问题。确真性问题需要随着思维的困惑而自觉生成，并且经过思维努力进行探寻，这些思维努力包括了多种思维活动，如假设、质疑、推理、反思、判断、批判等。

传统的传递—接受教学方式，以掌握确定性、客观化的知识为目标，以程序化、技术化的教学方式为过程，以标准化、唯一性的答案为评价标准，知识的学习成为机械的训练，学生心中没有对知识的"疑问"，只有机械地接受，学习过程成了机械训练过程。正如美国佩顿中学学生到中国学校观察到的教学现象一样："阿列克斯惊奇地发现，中国的数学课虽然结合了老师的演

---

① 熊川武、邵博学：《"自然分材教学"的理论与实践探析》，《课程·教材·教法》2009年第2期。

讲和学生的自主解题，不过绝大多数自主解题并不'自主'，学生只是按照老师刚刚灌输的方法练习：他们只是在练习数学，而非探索或发现。"① 尼尔·波斯特曼也曾说道："孩子们入学时像个'问号'，而毕业时像个'句号'。"造成这种学生缺少疑问，只顾机械训练的重要原因则是确定知识观的影响，只要通过机械训练，找到确定、唯一的答案就是学习的成功。在很多课堂上虽然也充满了问题，却不是确真性问题，或者说是"假"问题。下面是一个美国代表团在中国课堂上观察到的案例：

> 一个美国科学教育代表团到上海市访问，希望听一堂中学的科学教育的公开课。接待人员安排了一所很有名的重点中学为他们开了一堂高中一年级的物理课。任课教师是一位优秀的特级教师。在教学过程中，教学目的明确，教学内容清晰，教学方法灵活，有理论，有实验；教学过程活跃，教师问问题，学生回答问题，师生互动，气氛热烈；教师语言准确简练，教学实践安排精当，当教师说"这堂课就上到这里"时，下课的铃声正好响起。按照我们习惯的观念，这堂课可谓天衣无缝。下面近百名听课老师随着铃声响起，掌声雷动。可是5位美国客人却没有表情。第二天当接待者请他们谈谈他们的观感时，他们的回答出乎我们的意料。他们反问：这堂课教师问问题，学生回答问题，既然教师的问题学生都能回答，这堂课还上他干什么？②

这样的课在中国的课堂上几乎成了一种普遍现象。老师提

---

① 梅兰：《我们像世界上最重要的一群孩子——美国高中生中南海访问记》，《南方周末》2011年8月12日。

② 袁振国：《教育新理念》，教育科学出版社2002年版，第5—6页。

问，学生回答，气氛热烈，积极性高。可是老师的问题学生都能回答，这样的问题还是问题吗？它没有经过学生的思维探究，甚至没有引起学生的思考，也不是学生自觉产生的问题，这样的问题究其实质只能是"假"问题，学生并不会产生积极的思考。

确真问题的生成需要老师超越确定知识观，立足知识的不确定性，巧妙运用教育智慧。具体而言，可从以下方面尝试：一是奖励"错误"。所谓"错误"就是学生的认识与教科书答案的不一致，但只要是出于认真地思考并具有思维合理性，教师就应积极鼓励并合理引导。当老师问"雪化了变成什么"的时候，雪不仅变成了水，还变成了"春天"、变成了"阳光"，变成了"温暖"，这样才能激起学生确真性的思考。在一份问卷调查："当课本中的内容与您的想法产生矛盾时，您对自己的看法…"一题的回答中，有36.8%的学生选择"完全放弃"或"产生怀疑"，只有10.7%的同学选择"坚决坚持"。说明在传统教学观念中，书本上的知识都以确定性、唯一性的面貌出现，学生对于确定性的知识缺乏怀疑能力，一旦出现所谓的"错误"，就会怀疑或放弃。此时，如果教师对学生的"错误"积极引导，让其说出原理或理由，对于他们思考过程的合理成分进行积极鼓励，才能引导学生形成正确、积极的认识，培养他们的创造力。二是预留思维空间。对于学生的思考要给予充分的自由空间，不必限定在固定的标准框架内，这样才能充分发挥他们的想象力。科学史上的许多发现就是在一种看似不着边际的想象中实现的。三是延迟满足。对于学生的思考和回答可以不必过早进行定论，给予充分的思考、反馈的时间，这样可以充分训练他们的主动思维能力。四是"跳跳摘桃"。亦即提出的问题要有一定的高度，需要学生深入的思考，而不是"眉头一皱计上心来"。五是多元评价。这里的多元评价主要指评价指标的多元化，亦即对于学生的思考和回答，可以从多个角度找到它的合理性，而不仅仅是符合教科书上的标准答案。

（二）培育反思性认识

人的认识活动是一种复杂的心理活动，其中反思是重要组成部分。洛克在最初提出"反省"时就提到了"有知觉、思想、怀疑、信仰、推论、认识、意欲，以及人心底一切作用"①，认为人的很清晰、很完全的观念，就是通过这些反省的各种心理活动获得的。因为"人底理解如果不反观自照，反省它自己地作用，使它们成了自己思维地对象，则各种作用只不过如浮游的现象似的，并不能留下清晰、明白而经久的观念"。②洛克所谈的反省，如有学者所指出的，"是人们自觉地把心理活动作为认识的对象的认识活动，是对思维的思维"。③斯宾诺莎提出了"反思的知识"的观念即"观念的观念"，认为观念是认识所得的结果，它本身又是理智认识的对象，对于作为认识结果的观念的再认识和对于这种再认识之所得观念的再认识，这种理智向着知识的推进，即是"反思"。④两者都注意到了认识的反思作用，只不过洛克侧重点在于对认识过程的反思，而斯宾诺莎侧重于认识结果的反思。而杜威综合了二者的观念并超越了他们。关于杜威的

---

① ［英］洛克：《人类理解论》，关文运译，商务印书馆 1959 年版，第 67 页。

② 同上书，第 72 页。

③ 熊川武：《反思性教学》，华东师范大学出版社 1999 年版，第 47 页。

④ 黄克剑：《洛克的"反省"和斯宾诺莎的"反思"》，《哲学研究》1986 年第 3 期，转引自熊川武《反思性教学》，华东师范大学出版社 1999 年版，第 48 页。

"反省思维"的论述前面已进行了详细的讨论，此不赘述。需要强调的是，杜威比洛克和斯宾诺莎更进一步之处在于他强调了反思所处的具体情境和问题，以及产生的困惑和"非确定性"，所以反思是一种能动的探究过程。

学生的认识过程或者说学习过程，虽然包括了如洛克所说的对于认识对象——知识的感知和接受过程。但更重要的是对于知识的反思，这对于认识对象——知识和认识者——学生来说都是必要和合理的。对于知识，不确定知识观告诉我们，确定的知识是暂时的，而不确定性则是永恒的。杜威称之为"假定的知识"，波普尔称之为"猜测的知识"。对于不确定的知识要保持审慎的态度，而不是作为"圣经"顶礼膜拜，所以对于知识这些所谓的人类认识成果的学习应进行理智的反思性再认识，而不能当做一成不变的东西纯然接受下来。对于学生来说，他们的思维活动，包含了接受、设想、怀疑、困惑、推理、确认和深思熟虑等多种因素，认识过程是这些因素综合作用的结果，而不止停留于接受、记忆、理解、运用。所以认识就是一种"探究"，在这种探究中，学生的认识自主性得以体现。

培养学生的反思性认识可以从如下几方面进行。一是鼓励怀疑。疑，既是求知的驱动力，也是一种学习态度和方式。它是认识自主性的诱因。怀疑不是恣意地对知识的简单否定，而是在充分占有基础上的合理化质疑。即当知识以感性认识形势接受下来之后，对于知识存在的合理性追问。儿童生来就有问个为什么的天性，因此学习的过程就是引导学生不断追问和深化追问的过程。老师要善于引导学生对知识的质疑，不以知识权威者的角色压制学生。教师要"越来越少地传递知识，而越来越多地激励思考；除了它的正式的职能以外，它将越来越多地成为一位顾问，一位交换意见的参加者，一位能帮助发现矛盾论点而不是拿

出现成真理的人"。① 教师可以通过营造宽松的环境，鼓励学生
对知识的结果进行讨论，激发学生的好奇心，设置开放性问题
等。二是"回味"。反思意味着回过头来思考，即对于学过的知
识进行检查和确证并发现问题和寻找答案。它"不仅仅'回忆'
或'回顾'已有的心理活动，而且要找到其中的'问题'以及
'答案'"。② 教师应鼓励学生对于掌握的知识进行回望，如检验、
回顾、讨论等。三是审思。审思即对自己的认识过程进行反复思
考并进行充分论证推理的过程，经过深思熟虑形成理性认识，这
是认识自主性的高端水平。教师要鼓励学生对所学的知识进行再
认识。四是探求。基于获得的认识进行拓展性思考和研究，不停
留在简单对知识的识记和理解，应培养学生的研究意识。鼓励学
生像科学家那样建立多种假设，进行充分检验和验证，不追求唯
一的结论，而是多方面尝试，并允许出错，让学生在探究中形成
创造能力和求异思维。

（三）　养成批判思维意识

对于什么是批判性思维，论者众多，难有共识。尼尔·布朗
（Nell Browne）认为，批判思维包括了以下几点："意识到一些
彼此相关的批判性问题；能够在适当的时机提出和回答批判性问
题；愿意主动运用批判性问题。"③ 恩尼斯·罗伯特（Ennis Rob-
ert）认为，批判思维是指对所学的东西的真实性、精确性、性

---

① 联合国教科文组织国际教育发展委员会：《学会生存——教育世界的今天和
明天》，教育科学出版社 1996 年版，第 108 页。

② 熊川武：《反思性教学》，华东师范大学出版社 1999 年版，第 49 页。

③ ［美］M. Nell Browne, Stuart M. Keeley：《学会提问——批判性思维指南》
（第七版），赵玉芳、向晋辉等译，中国轻工业出版社 2006 年版，第 3 页。

质与价值进行个人的判断。[①] 库恩（Coon）等将批判思维定义为："一种评估、比较、分析批判和综合信息的能力。"[②] 摩尔（Moore）等定义为："接受或拒绝以及对某种观点存疑的审慎的、深思熟虑的决定，以及接受或拒绝某物时的自信程度。"[③] 国内有学者定义为，"对当前、他人的以及自己的观点进行反思、评价，并能提出新想法的思维活动过程。"[④]

在众多批判思维的定义中我们看到许多一致性因素。它至少包含了两方面内容，即批判意识和批判技能。前者如问题意识、反思精神、独立自主、充满自信、不盲从权威、能动思考等；后者如比较、综合、推理、论证、审思、评价、批判等。批判思维是认识自主性的高阶水平，包含了前述的确真性问题和反思性认识的内容。批判性思维的目标是达到对认识对象的理性把握，其基本的手段是运用推理、论证、审思等，对主体的要求是具有反思批判意识。批判思维不是一种否定和排斥，而是通过质疑、批判等方式寻求理由的正当性，形成合理化认识。它使人减少依赖外在的规范、指示和权威的影响，而是通过自我的能动思维过程建构自我知识体系和信念。

一般认为批判思维只针对思维趋于成熟的大学生或成人，实际上，基础教育中的中小学生更应该培养，尤其是批判思维意识，对于形成他们的独立判断、自主认识，构建自我认知系统和

① Ennis, Robert H. , A Logical Bassis for Measuring Critical Thinking Skills, *Education Leadership*, (4) 1989, pp. 4 – 10.

② Coon, Dennis, John O. , Mitterer. *Introduction to Psychology*: *Gateways to Mind and Behavior*, Belmon, CA: Wedsworth, 1995, p. 287.

③ Moore, Brooks N. Richard Parker, *Critical Thinking* (7th. ed), Boston: McGraw Hill, 2004, p. 156.

④ 周仕东、郑长龙:《科学探究与学生批判性思维的养成》,《化学教育》2004年第10期。

知识体系更具价值。对于学生批判思维能力的培养，教师要注重训练学生的批判思维技能，如叙述思维过程，比如做一道数学题，可以让学生描述解题的思考过程并说出理由提出问题等；提供学习材料让学生进行比较、综合、分析，根据自己的思路整理观点；对于已成定论的知识结论提出开放性问题并进行合理性论证以及评价等。

"情本体"视域下学生的感情
自主性及其教育策略

一 感情自主性理论基础——"情本体"

中国的哲学传统历来重视感情,而西方哲学推崇理性,以此形成了理智哲学和感情哲学的东西两条不同的路径。梁漱溟先生曾指出:"西洋人是重用理智的,中国人主要用直觉的——情感的",为此他把中国哲学称为"玄学",西方哲学称为"科学"。中国的玄学即以情感为主线,中国民间的文化传统即以情理来维系的。"处处尚情而无我……家庭里,社会上,处处都能得到一种情趣,不是冷漠、敌对、算账的样子,于人生的活气有不少的培养,不能不算一种优长与胜利。"①当然他所说的情感已不是一般的凭情绪的一时冲动而表现出的态度,而是一种剔除了欲望的合理性情感,即不再强调本能冲动的"向上一念"的合理性情感,类似于我们当下所说的高级情感,如道德感、义务感等,他称之为"情理":"西洋偏长于理智,而短于理性;中国偏长于理性,而短于理智。……前者为人情上的理,不妨简称'情理';后者为物观上的理,不妨简称'物理'。"② 把感情上升到

---

① 梁漱溟:《东西文化及其哲学》,新世纪出版社 1999 年版,第 145 页。

② 梁漱溟:《梁漱溟全集:第三卷》,山东人民出版社 1990 年版,第 139—140页。

情理是中国哲学的创造，它使感情不再是普通的心理现象和杂乱无序的形下事务，而是上升到理性层面，感情理性或理性情感成为一种表达人本体性存在的理念，具有了形而上的境界。

中国近现代很多哲学家都表达了感情作为人之本体乃至世界本体的情感本体论思想。如哲学家、语言学家袁家骅提出了"唯情哲学"，认为情感是宇宙的本体，他采用尼采的语气说道："人们呀，你只要体认得你自己的一点真情，你就得到宇宙的本体了。"① 中国现代另一位哲学家朱谦之也提出了"真情"的本体观："我主张的宇宙生命——就是'真情之流'……我敢说这'情'字就是宇宙的根本原理了。……是以绝对信仰的态度承认人生原理的。"② 虽然把感情推崇到极致的唯情哲学，多少带有唯心主义倾向，但他们通过提出"真情"，说明人的生命的主体性、超越性和绝对性。把情感设定为类似西方哲学中的"自由意志"一样，成为人在宇宙中安身立命的本体。在"唯情哲学"看来，情感取代意志，也解释自由，西方哲学用以表达人的自主性的自由、意志等概念在中国哲学这里被情感取代了。而情感和自由意志一样都是表达人之自主性的重要心理维度，只是视角不同罢了。另许多哲学家如金岳霖、冯友兰、梁启超等，在他们的哲学思想中也都论及了情感问题，虽然解释情感的视角和方法有所不同，如金岳霖、冯友兰等开始用西方理性主义研究中国哲学，但他们都认识到情感在人的本体结构中的意义，并把情感与理性结合起来，认识到那种超越情绪冲动的本情、觉情支撑起了主体的大厦。

---

① 袁家骅：《唯情哲学》，上海泰东图书局 1924 年版，第 23 页。转引自蒙培元：《中国情感哲学的现代发展》，《杭州师范大学学报》2002 年第 3 期。

② 朱谦之：《一个唯情论者的宇宙观及其人生观》，上海泰东图书局 1928 年版，第 74 页。转引自蒙培元《中国情感哲学的现代发展》，《杭州师范大学学报》2002 年第 3 期。

当代哲学家李泽厚先生的"情本体"理论更是清晰地表达了情感本体论的核心命题，人的感情自主性在此也更加敞亮。从本体而言，人是美学的、是感性的，也是情感的。人的日常生活是个体的、感性的、经验的、情感的结合体。由此我们可以针对西方"人是理性动物"提出另一命题"人是感情动物"。李泽厚先生说道："回到人本身吧，回到人的个体、感性和偶然吧。从而，也就回到现实的日常生活中来吧！不要再受任何形式上的观念的支配，主动来迎接、组合和打破这积淀吧。艺术是你的感性存在的心理对映物，它就存在于你的日常经验中，这即是心理—情感本体。……于是，情感本体万岁，新感性万岁，人类万岁。"① 他的另一段抒情诗般的话语更是深刻蕴含了情感作为人之本体的意蕴：

"慢慢走，欣赏啊。活着不易，品味人生吧。'当时只道是寻常'，其实一点也不寻常。即使'向西风回首，百事堪哀'，它融化在情感中，也充实了此在。也许，只有这样，才能战胜死亡，克服'忧'、'烦'、'畏'。只有这样，'道在伦常日用之中'才不是道德的律令、超越的上帝、疏离的精神、不动的理式，而是人际的温暖、欢乐的春天。它才能既是精神又为物质，是存在又是意识，是真正的生活、生命和人生。品味、珍惜、回首这些偶然，凄怆地欢度生的荒谬，珍重自己的情感生存，人就可以'知命'；人就不是机器，不是动物；'无'在这里便成为'有'。"②

在这里情感是一种境界，在这种境界里人的烦、忧、畏、恐

① 李泽厚：《美学四讲》，生活·读书·新知三联书店 1989 年版，第 250—251 页。

② 李泽厚、刘绪源：《"情本体"是一种世界性视角》，《决策与信息》2011 年第 3 期。

惧、死亡、悲伤都被情感融化，它已超越显见的自命不凡的律令、规律，超越了物质、精神乃至上帝，进入澄明之境，一切似无却万物皆有，人达致高度自主状态。对此，他进一步解释道："时刻关注这个偶然性的生的每个时刻，使它变成是真正的自己的。在自由直观的认识创造、自由意志的选择决定和自由享受的审美愉悦中，来参与构建这个本体。这一由无数个体偶然性所分离追求的构成了历史性和必然性。"① 福柯也表达了同样的理念，"感情的体验能使每个人的创造都截然不同。感情能够使个体表达的自主性和自由程度最大化"②；尼尔也重视感情的自主性，甚至超越了理智的理性："如果情感是自主的话，那么理智就会自己照管自己。"③ 这也是对人的感情自主性的深刻揭示。

　　即使从感情与理性的对立论出发，认为理智的思维中没有情感的介入，并且只有理性的批判性反思才真正具有自主性，而感情则没有自主成分。这种观点也存在可商榷之处。从某种意义上说，理性的合理运用并发生作用正是借助于情感的介入。如迪尔邓所言："从理智上鉴别长远的目标，牢固地掌握普遍的原理，或执着于获得真理，无论哪一种情况，都可能与某些特定的情感（如怀旧，或渴求的冲动）相冲突。但从另一方面看，我们不得不这样说，人类很恰当地对某些情感非常敏感（如悲痛），从某种实用的观点来看，它避免了理智上的理解。还有，情感的骚动也许是必不可少的中介，只有通过它，才能打破一种构造严密的、然而在较大的人类范围内是不合适的有关事物的理解图式；

---

① 李泽厚、刘绪源：《"情本体"是一种世界性视角》，《决策与信息》2011 年第 3 期。

② Michalions Zenmbylas, A Politics of Passion in Education: The Foucauldian Legacy, *Educational Philosophy and Theory*, Vol. 3, 2007, pp. 135 – 149.

③ Neill, A, S., Talking of Summerhill, 1967, p. 133. 转引自瞿葆奎《教育学文集·智育》，人民教育出版社 1989 年版，第 26 页。

才能解除它对人们的视野或看法的束缚……主要适当地选择一些例证，就可以为'理智活动从某种意义上讲完全依赖于情感'这一论点辩护。对于某些情感的经验，可能是觉察到某种事实，或恰如其分地评价某些思考的必要条件。"① 斯宾诺莎、尼采等都发现了理智活动中的情感力量。下面所描述的研究者在探究过程中对于理智的感情力量可见一斑：

"一开始可能会有一种处在生活空虚境地的焦虑感；接着，他体验到论题在躁动，这就缓解了他的焦虑状态；然后各种探究的路子在他面前兴奋起来……炒年糕不安的情感向明确的问题转变——一种也许畏惧问题而长时延搁了的转变——而产生的满足；他体验到处在一个狭隘的观念的被包围感；豁然开朗的快乐；抓住某些显然是最初观念的兴奋和恐惧……他在论题似乎控制不住时而感到不安全；在问题丛生和由此造成混乱时感到沮丧……发觉自己脱离论题再度生活空虚时的绝望。"②

西方现代心理学的研究也充分解释了感情的自主性特征。如阿诺德第二代情绪说中的认知评价理论，认为"人的体验是有机体对刺激事件的意义被觉知后产生的，而刺激事件的意义来自评价"。③ 美国认知心理学家曼德勒也认为，"自主性唤醒的知觉和认知评价，是产生情绪和情感的两大决定因素。其中，自主性唤醒决定体验的强度，认知评价决定体验的性质。以上两者的整合作用，就产生了情绪和情感的体验。"④ 有研究者据此指出，情感体验不是对当前刺激物、当前情境的瞬时、单一的体验，而

---

① Neill, A, S., Talking of Summerhill, 1967, p. 133。转引自瞿葆奎《教育学文集·智育》，人民教育出版社 1989 年版，第 35 页。

② 同上。

③ 朱小蔓：《情感是人类精神生命中的主体力量》，《南京林业大学学报》（人文社会科学版）2001 年第 1 期。

④ 高觉敷：《西方心理学的新发展》，人民教育出版社 1987 年版，第 236 页。

是个体用自主的、全身心的经验参与的一种全方位、全历程、全情境的整体性体验。

二　学生感情自主性特征

从心理学而言，感情区别于其他心理现象的独特性在于感情伴随着人的其他心理过程与行为，具有弥散性和绵延性；从哲学上看，感情是人的本体性特征，是人"基本的存在范畴"。由此，人的自主品性中感情具有了基础和动力特征。在此把学生的感情自主性界定为：在教育情境中，学生基于真实体验和偏好，在适当控制基础上形成的合理化体验的品质。学生的感情自主性从以下几个方面得以表征：

1. 感情的属我性

感情是人对客观事物是否满足自己的需要而产生的态度体验，是主体自我对于外部事物的好恶感受。"感情现象首先以'个体'和'私人'的形式存在"，[1] 因此感情具属我性，是主体自我的独特感受，正如有研究者指出的，"情感是真实自我的灯塔，因为它们提供一个内在的视角来解读和回应我们的经验"。[2] 学生感情的属我性首先表现为作为独立存在的个体，在教育情境中的特定的此时此地，我的存在以我的感受、我的活动、我的心理体验、我的灵肉交流以及我与他人的关系为表征。他人不能代替我的感受，我的体验，我的真情实感。其次，感情在关系中表达自我。主体在与他人、社会、周围环境的对话中成

---

① Michalions Zenmbylas, Emotional Capital and Education: Theoretical Insights from Bourdieu, *British Journal of Educational Studies*, 2007, Vol. 4. pp. 443 - 463.

② Michalions Zenmbylas, Emotions and Teacher Identity: A Poststructural Perspective, *Teacher and Teaching: Theory and Practive*, 2003, Vol. 10.

就自我，感情产生于在这一关系情境中的经验领域并表达主体自身。感情是"通过感情思维、行为、语词、姿态和意义等与世界进行的一种对话。同所有的对话一样，它也转向自身，重新解释自身，表达自身，并在前进过程中确定新的概念和范围"。①学生是在与老师，与知识、与同学的对话境遇中产生的感情，这种感情在一种"视域融合"中表达自身、验证自身，从而完善自身。最后，感情是对自我的合意。感情作为好恶态度体验反映了主体的存在对于自身的意义。学生是一个经验性的主观感受主体，感情的体验来自于他面对教育情境时自身产生的喜乐苦痛感受，积极的情感是一种合自我之意的感受，而消极的情感则是失自我之意的感受，而同一种感受对象对不同学生主体而言可能产生不同的意义。从某种意义上而言，这正是教育的原点。基于学生对于教育内容的原发性感受，教师进一步启发、引领，进而沿着学生自身的性向去拓展教育的无限空间。

2. 感情的自由性

人的感情虽然是客观事物的态度体验，但并不受外部事物所控制，表现出主体感情的自由属性。对于人的各种心理反应来说，感情是最自由的，因为感情属于个体所私有，谁也不能决定和代替自己的喜怒哀乐。有学者把感情分为"自由直观之情、自由意志之情、自由感受之情"。② 外部力量可能改变和决定感情刺激物的形态，却不能改变主体产生的感情体验，亦即主体的满意、高兴、欢乐、痛苦、悲伤，是他人所无法控制和决定的。雷迪（Reddy）专门提出了感情自由的概念（Emotional Liberty），认为："感情自由是自由地经历变化的体验和包括大量因素和关

---

① ［美］诺尔曼·丹森：《情感论》，魏中军等译，辽宁人民出版社1989年版，第87页。

② 张文初：《本体之情与生存的诗性言说》，《文艺争鸣》2011年第3期。

系的生命历程的变化"①，也就是持续地去践行同生命历程中的
各种规训作抗争进而获得感情的愉悦和满足。感情自由在这里印
证了福柯所说的"自由是一种实践"。②

　　感情自由对于学生的学习体验具有深刻意义。这种感情
"构建了学习的适当性——持续地努力以面对自我学习的'未
经'领域"。③学习者在这种感情的愉悦中体验到学习的乐趣，
进而激发了高度的自主性。依靠这种感情的自由，学习过程成了
一种鼓励不同的学习方式和超越传统的学习环境的创造性艺术。
师生在这一过程中体验到学习的快感，而且"这种学习环境中
的快乐体验把身体聚集到一种适宜的感情状态"。④学生在学习
中的感情自由已不仅仅是一种学习的动力，而且变成了一种关
系、状态、运动以及快乐的集合，如福柯所指出的，学习过程已
经被替代为一种感情实践，此时的教学已经上升到一种美学境
界，所谓教学是一种艺术大概被充分地得以证明，而身处这一境
遇中的学生其学习的自主性已自不待言。

　　3. 感情的确真性

　　确真性简约而言即是真实性，用以指人就是人发自本己的原
初性的心理和行为现象，它与人的自主性有着天然联系。确真性
首先在于感情，理性反思可能还要借助于客观知识或经验，而感
情则直接源自主体内部本真的体验，确真性程度更高。因此我们

---

① Reddy, W. M. , *The Navigation of Feeling: A Framework for the History of Emotions*, Cambridge: Cambridge University Press, 2001, p. 327.

② Foucault, M, Space, Knowledge and Power, in P. Rabinow (ed.), *The Foucault Reader*, 1984, London, Penguin, pp. 239 – 256.

③ Michalinos Zembylas. , A Politics of Passion in Education: The Foucauldian Legacy , *Philosophy of Education Society of Australasia*, Vol. 3 , 2007, pp. 135 – 149.

④ Robinson, K. , The Passion and the Pleasure: Foucault's Art of not Being One – self , *Theory, Culture and Society*, Vol. 20 , 2003, pp. 119 – 144.

日常用语中在描述感情时经常用"真情实感"来表达。在一定意义说感情属于人的本能，这种本能意味着真实。然而人的感情本能不同于动物，尤其是人的高级情感如理性情感只有人才具有。这种确真性的感情进一步强化了人的身份认同，使人成为自我的统一体。学生作为感情主体，受其心理年龄特点的影响，他们的感情正在塑造期、形成期，更应培养学生感情的确真性，引领他们表达真情实感，而不是牵引他们复制他人的情感。

4. 感情的理性化

在西方哲学传统中，感情与理性相对，并且他们更重视理性，虽然在西方哲学家中也有很多论及了感情问题，如康德，但康德作为一个理性主义者，他的话语体系是以自由意志、理性和知性为核心的，感情只是他解释理性的材料甚至注脚，并且他提出的感情是从经验心理学和感性层面出发的，缺乏客观必然性，只是理性和自由意志的附庸。"意志自由和意志自律作为普遍必然的'基准'……是思辨理性的问题，与人的心理情感没有关系。"① 而作为以"情理"为核心的中国哲学则重视情感本体的价值并把情感与理性结合起来，当然中国哲学语境中的理性与西方的理性具有不同的意旨。在中国哲学家看来，"情感既有低层次的情感，又有高层次的情感，更有理性化的情感"②，真正的情感既"合情"又"合理"，是感性与理性的统一。感情的基础是感性，与人的生理器官的感觉相连，人的欲望、冲动、本能、下意识等构成了感性的主要内容，在形态上表现为情绪。但这只是构成了人的感情的基础，高层次的感情包含了理性的内容。这里的理性主要指合理性，是一种适当的思想、意味、哲理。李泽厚先生指出："理性本来只是合理性，它并无先验的普遍必然性，

---

① 蒙培元：《论中国传统的感情哲学》，《哲学研究》1994 年第 1 期。
② 蒙培元：《中国哲学中的情感理性》，《哲学动态》2008 年第 3 期。

它首先是从人的感性实践（技艺）的合度运动的长期经验中所积淀的产物。它是被人类创造出来的。"①合理化的情感是指"情感中蕴含着度、真、合理性，情感因此不表现为不计后果的盲目冲动与本能发泄，不是对上帝的痴迷，不是病态的狂热；情感因此以心境为主要内容，而对激情持谨慎态度。情感中蕴含着善，蕴含着对人类命运的承担与关怀"。②

理性的感情蕴含了主体性特征，是主体的自由、自主之情。它"一方面是主体自发的、自愿接受的、乐于感受的经验；另一方面，又是拥有真正历史内容的，以个体自身与人类幸福为目标的身心体验"。③人的感情式存在不同于机械化存在，也不是纯理性化存在，是一种摆脱了外部限制的自主性存在。感情主体按照自身的情感体验和情感需要而行动，同时"遵循情感自身的逻辑，情感的萌发、持续、高涨、消化、消失等等不受人为的调节、控制，情感有其以潜在理性为规矩而形成的自演绎的权利和历史"。④而情感的演绎逻辑又因人而异，具有个体主体性特征。

三　学生感情自主性培育策略

（一）关爱作为培育策略

教育是爱的艺术，教育的真谛在于爱，教育从本质上来说是爱的教育。意大利著名儿童文学家、教育家亚米契斯说"教育上的水是什么？就是情，就是爱。教育没有了情爱，就成了无水

---

①　李泽厚:《历史本体论》，上海三联书店 2002 年版，第 6 页。

②　张文初:《本体之情与生存的诗性言说》，《文艺争鸣》2011 年第 3 期。

③　同上。

④　同上。

的池，任你四方形也罢，圆形也罢，总逃不了一个空虚"。① 教育如果缺少了爱就只剩下冷冰冰的言说，就无法激起儿童愉悦的情感体验。得到老师的关爱是儿童天然的权利，也是人本能的需要。因为"被关心几乎是普遍的人类愿望"。② "教育者对孩子们的爱是教育关系发展的先决条件。"③ 学生都希望得到老师的关爱，得到老师的赞赏和鼓励。老师的关爱使他们产生自信心和自豪感，是学生积极情感的动力和源泉。

教师对学生的关爱表现为理解、信任、尊重、宽容、关心等。理解意味着设身处地从学生的情感特点和需要出发，帮助学生进行积极的情感体验、认知、评价和选择；信任意味着相信学生感情的向善性，相信学生是自我感情的主人，教师敢于托付，鼓励学生积极表达自己的真实感受；宽容意味着为学生的自由感情表达提供心理支持。教师不压抑、不宰制，为学生确真性感情的生成留出空间；关心意味着对学生感情的在意、关注和关怀，意味着教师对学生的感同身受、情同此心、心同此理，是教师与学生的情感交融。教师对学生的关爱从行为方式，比如表情、动作、语言上体现出来。教师的一个微笑、一个眼神，就会激起学生无上的力量。"教育者的眼神，拥抱了他们所有的人，并把他们看在眼里。"④ 这样的眼神使他们激情澎湃、热情高涨，产生愉悦的体验和自豪感；教师的一句体谅、一句鼓励，也会使学生体验到教师的宽容与理解，使他们

---

① ［意］亚米契斯：《爱的教育》，夏丏尊译，华东师范大学出版社 2009 年版，第 1—2 页，序。

② ［美］内尔·诺丁斯：《学会关心：教育的另一种模式》，于天龙译，教育科学出版社 2011 年版，第 32 页。

③ ［加］马克斯·范梅南：《教学机智——教育智慧的意蕴》，教育科学出版社 2001 年版，第 89 页。

④ 同上。

产生自信心和心理归属感。

教师的关爱对于学生感情自主性的意义在于，一是有助于确真性感情的生成。教师的关爱所营造的宽容氛围，为学生表达真情实感提供了心理支持。试想如果老师整天板着面孔，或冷眼相对或厉声呵斥，学生就会产生恐惧感，他的真实感受就会受到抑制，不敢表露真情；二是为学生对感情的认知、评价、选择等理性情感创造理想环境。请看下面的案例：

> 班上有个女生，学习成绩优异，却很有个性，与同学相处总会有"摩擦"。一天下午，她和班里的几位女同学在操场跳绳，玩着玩着，竟吵了起来。她气呼呼地跑回教室，心有不甘的，竟然将那几位女同学的书本全部扔在地上。等班里的学生来报告，我跑到教室时，教室里已经乱成一团。"怎么办？当着全班的面来批评她，好强的她肯定受不了……"于是，我走到她的身边说："怎么了？心里不痛快？"她低着头，默不作声。我凑到她的耳朵说："你在教室里的话，老师帮不了你，走，我们到外面去谈谈，好吗？"我拉着她的手来到办公室。"不用问，我肯定猜到，你现在一定是为自己刚才的所做所为后悔，老师说的对不对？"她抬起头，惊奇地看着我说："老师，你怎么知道？""我也跟你一样，曾经是一个很有个性的小女孩，最受不了别人的说长道短，气不过就会做出这样的事，事后，又深深地后悔。""那我现在怎么办？其实，心底里，我也想跟她们道歉。可是，我既怕她们不接受，又怕同学们瞧不起我，老师，我现在很矛盾。"我看着她说："这一次老师会帮你的，但老师只能帮你一次。当然，老师相信你今后肯定不会这样做。"于是，请来刚才一起玩的女同学，经过劝解，总算平息了这场风波。

第二日下午，我批改日记本时，翻开她的本子一看，里面夹着一封信，"老师，谢谢你的理解与宽容，你的话语让我如沐春风。我保证要改正自己的脾气，老师请相信我……"我的内心突然涌动着感动和欣悦，慢慢地，我发现她与同学相处也越来越融洽了！①

本案例中教师基于对学生的理解、尊重、宽容，巧妙地运用了感情策略，通过独特而又个性化的方式，既尊重了学生的确真性感受，又培养了学生积极的情感，使得他认识到了自己的不足，重新树立积极向上的信心。同时通过教师巧妙的手段，帮助学生对自己的感情进行了识别、判断和评价，形成了合理的理性情感。

（二）激励作为培育策略

激励理论是行为科学中用于处理需要、动机、目标和行为四者关系的核心理论。激励通过作用于人内心活动，激发、驱动和强化人的行为。激励的目的在于激发人的行为动机、调动人的积极性和创造性。认知激励理论更明确地指出："人们之所以被激励起来，是为了认识世界，掌握自己的命运，进行自我指导。"②对于学生的感情而言，通过激励可以培养积极的情感体验，并勇于表达自己的真实感受，形成合理的感情认知和判断。

通过激励培养学生的自主性感情可以从以下几个方面进行：

一是从学生感情需要出发进行激励。根据马斯洛的需要层次理论，人有生存的需要，安全的需要，爱与归属的需要，尊重的需要，自我实现的需要。满足了人的这些需要就会产生积极的情

---

① http：//www. zjjyedu. org/n13700c29. aspx.
② 熊川武：《理解教育论》，教育科学出版社 2005 年版，第 180—181 页。

感体验，使之获得自我认同感。教师可以通过营造和谐有序的教学环境满足学生安全的需要。这里的安全既有生理上的安全也有心理上的安全，是二者的统一。从生理安全角度而言，可以加强教室的物质设施和结构的安全性，如桌椅的质量和空间布置等，防止安全隐患的发生；从心理安全而言，可以加强优良班风教育，鼓励学生互帮互助，团结合作，形成友好的心理氛围。构建积极的师生、生生伙伴关系，以满足归属需要来激励学生。如进行定期的师生恳谈活动，学生的联谊活动，适度的合作学习等。通过启发学生对自己的学习行为负责，强化自尊心以激励学生，还可以通过指导学生认识学习过程的有效性，使他们从自我实现的需要满足中得到鼓舞。

二是着眼教学过程进行激励。学习是学生的主要生活方式。在教学过程中激励学生的感情是培养感情自主性的主要方式。教师可以从教学过程的起始、中间和结束三个阶段适时地对学生进行激励。在教学的开始阶段，可以从态度和需要两个方面展开激励。如教师积极倾听学生的意见，热情地接纳学生，获得对学生学习需要的确切认知；或者通过让学生有不断成功的感受，如让学习不好的学生进行特殊的"考试"（题目简单些），如"自考"、"加考"等，重视学生的学习规律，通过群体加工的学习方式促进学生肯定的自我观念等，这样有助于学生形成肯定的态度；在教学的中间阶段，可以从刺激和感情两个方面激励学生。如在连接不同教学活动时，运用动作、声音、身体语言、道具和重读等刺激方式，提高学生的兴趣。另外，可以注意将学生的情绪与学习过程联系起来，使学生处于理想的心境中；在学习的结束阶段，可以通过胜任和强化激励学生。胜任意味着学生认识到自己掌握了学习内容并体验到满足感。教师可以通过及时提供学生已掌握情况的反馈，或者让学生意识到个人努力产生的学习结果。强化是指在前面的激励基础上再激励，使之不断产生积极的体验，以提升感情自主性的程度和水平。

三是利用教师自身的热情激励。热情是对待他人或参与活动时表现出的积极、主动、热烈、友好的情感。热情是积极情感中程度较高并且主要面向人的一种体验。教师的热情是一种积极向上的力量，它会传递给学生并唤醒和激发他们的积极感情。有学者指出："热情是促进心灵接触的媒介，因为每一个由精神所负荷的心灵，都有其亲近的人或物，通过唤醒而作心灵的接触，尤其是师生的接触，具有唤醒作用，也具有教育意义，甚至达到时空的联系。"[①] 在教学中热情的教师可以使学生产生高涨的、兴奋的情绪，这种热情具有一种推动性、激励性的力量，能助推学生自主的感情强度；反之，如果教师缺乏热情，课堂上萎靡不振、死气沉沉，就会使学生情绪低落，产生厌学的情绪。因此，赫尔巴特说，"枯燥乏味是教学最大的罪恶"。[②]

教师热情的表现方式多种多样，无固定的风格。它可以是激情澎湃的，也可能是和风细雨；可以是平静优雅的，也可能是咆哮和雄辩的，无论热情以何种形式出现，学生总能感受到热情。[③] 亦即，无论热情以什么样的形式出现，它总给人一种向上的力量，学生在教师的热情渲染下，他们的感情会随之呈现出高涨的态势，表现出积极主动，善于表露，并能够自由地根据自身的需要释放自己的热情，这都有利于学生感情的自主性的培养。

---

① 詹栋梁：《现代教育哲学》，台北：五南图书出版公司1993年版，第423页。
② 转引自［德］沃尔夫冈·布雷岑卡《信仰、道德和教育：规范哲学的考察》，彭正梅译，华东师范大学出版社2006年版，第191页。
③ ［英］弗莱德：《做个充满激情的教师：教师成功之道》，张乃东译，中国轻工业出版社2009年版，第16页。

学生的行为自主性及其教育策略

行为又称活动、行动，按《现代汉语大辞典》的解释，是指"受思想支配而表现出来的活动"。[①] 从动态方面来看，行为是人的一系列操作活动，从静态来看则指行为主体外显的举止、态势等，它们共同来源于人的心理层面，即情感、认知等因素。从感情、认识层面解读的学生的自主品性，构成了学生自主行为的心理诱因，行为则是这些心理诱因的外显结果。希尔（Hill）和霍姆柏克（Holmbeck）依据社会学习理论把行为自主性概括为：主体独立效能的积极展示，包括对自己行为的支配和做决定。这种独立的行为充分体现了主体自己的意愿和喜好，能够表达自己真实旨趣和价值观的行为，它来自上述自主的认识和道德情感、意志等精神因素。学生的行为自主性，是基于自我决定动机，借助情智调节降低顺从性，提高行为独立性的品性。

一 学生行为自主性的表现

（一）自主决定动机

按照自我决定理论（SDT），自我决定是指主体根据自己的意愿和喜好，独立做出行为选择的能力。并且人天生具有热爱学

---

① 中国社会科学院语言研究所辞典编辑室：《现代汉语大辞典》（第五版），商务印书馆 2010 年版，第 1525 页。

习以及渴求知识、获得价值体认、顺应周围环境风俗的特性。这些先天的特性包括求知欲、好奇心、渴望获得自我价值认同、寻求认识的持续性和一致性等。① 这些内在的心理因素构成了行为自我决定的动机。它们是由机体的内在需求而不是外部因素提供的。自我决定理论认为："内部激发的行为发自于自我的内部，是人们根据内部兴趣自然和自发从事的行为，是自我决定行为的原型，是那些个体发现了活动兴趣、在没有外界压力的情况下也从事的行为，它建立在个体能力感和自我决定的基础之上；当个体认同和完全内化外部调节时候，外部激发的行为也可以变成自我决定的行为。"②

教学过程中学生的自我决定动机一是体现在学习的自我意愿上。即当他们感觉到自身是行为出现的诱因时，他们在完成学习任务时完全能够听凭自己的意愿，而不受外界环境和他人因素的支配。这种自我意愿并非是放任自流，自己愿意学什么就学什么，而是个体自主参与学习的动机。二是体现在学生对自我学习行为的效能感。这种动机源自学生对自身学习动机的自我认同，即他们能够确认自己完成学习任务的有效性，如对于学习的自信心、意志力等，在学习过程中也能够自主地监控和调节自己的学习行为。三是学习的自我归属感。发自内部意愿的学习动机使学生在学习中具有自我归属意识，他自己意识到自己就是学习的主人，获取知识、寻求求知满足进而上升到积极的情感体验，使得他们的学习获得了满足感和归属感，不由自主地付诸积极的学习行为，如主动预习、自觉解疑问难、积极寻求学习帮助等。

----

① Guay, F., Ratelle, C. T., & Canal, J., Optimal Learning and Optimal Contexts: The Role of Self-Determination in Education, *Canadian Psychology*, 2008, pp. 233 -241.

② 陈巍、方仪桂：《基于自我决定理论的教学设计观》，《现代教育论丛》2008年第5期。

　　自我决定动机存在着程度的不同，进而影响着行为自主性的程度。自我决定理论把驱动人行为的动机看做一个连续而逐步深化的过程，即"从无动机、外部动机到内部动机的连续体"①，学生自主行为的自我决定动机也存在着一个从外部到内部，从弱转强的过程。无动机的行为如冲动、欲望等虽然还不属于自我决定动机，却是从人的本能意义上自我决定动机的出发点。通过心智逐步成熟和知识、能力的获得，这些冲动或欲望会经过主体的深思熟虑上升到理性的自我决定动机，类似于法兰克福所说的由一阶欲望上升到二阶决断，这时就具有了自主成分。外部动机处于无动机或欲望、冲动的本能行为和理性的内部动机的过渡阶段，是主体还未具备充足的知识和理性能力时而借助于外部规则和律令来作出判断的过渡动机阶段，具有前自我决定动机水平；内部动机是高水平的自我决定动机，自我决定理论称之为"自主动机"。此时，个体的行为主要是在个人意志的驱动下做出的，与个体核心自我具有一致性，并体现出自己全心全意、优先选择和接受的价值观。到此，自我决定动机处于成熟水平，个体可以完全出于自己的意愿做出行动。

（二）自我行为管理

　　人的自主本性内蕴着人的行为受主体意识独立支配而不受外部控制和环境的变化而随意改变，因而主体的行为应是自由而独立的。学生作为教育主体其行为本质上由学生自我管理而不是由教师或其他外部因素支配，这是学生自主性的重要维度。学生行为的自我管理既有理论方面的可能性，也有实践的现实性。从理论方面而言，人类文化强调个体行为的独立性。学生学习的内在

---

① 刘丽虹、张积家：《动机的自我决定理论及其应用》，《华南师范大学学报》（社会科学版）2010年第4期。

愿望和持久动力要求学习行为的独立性，学习只有摆脱外部依赖和实现学习的自觉控制才真正具有实效性；从教育实践的现实性考虑，教师对学生学习的指导不容易对大批学生进行外部学习行为的控制。如果能够靠学生自己控制学习行为，教师就可以在教学上多投时间，在管理上少花时间，这样就会提高学习效率。如果真正实现了学生的自我管理，即使教师不在教学现场，学生也会保持自觉有序的学习，而且学习上也会呈现高效态势。我国著名教育改革家魏书生老师的"民主科学"的课堂管理方式就是很好的例证。

　　学生的自我管理行为主要表现在学习上。齐默曼（Zimmerman）等人把学生的自我管理定义为"通过个体主动对自身状况、学习行为和环境的调节以实现学习目标的过程"①，另有研究者直接界定为自我调节式学习（Self – regulation learning）："指学习者能够通过学习过程的监控和反思，主动地探寻适合自己的学习领域和学习策略，并调控学习进程，以达成学习目标的活动。"② 在学生的自我管理学习行为中包含了一系列自主行为如自我预测、自我监控、自我定向、自我评价、自我激励、自我强化等。如自我预测是学生根据自己的学习能力和基础水平估测自己学习任务的完成情况和制定适合自己的学习目标，自我定向则是制定出适合自己学习水平的学习目标，自我激励是不需外在奖惩手段而是自我设定目标并靠内驱力来调节自我行为的心理特征。这些发自学生自我情意需求的外显行为促使其行为不断自主化和走向自我控制，使得目的—手段趋向一致性，这种自我管理

---

　　① Schunk D H, Zimmerman B J. , Influencing Children's Self – Efficacy and Self – Regulation of Reading and Writing through Modeling, *Reading & Writing Quarterly* , 2007, Vol. 23, pp. 7 – 25.

　　② Reynolds W M, Miller G E. , *Self – regulation and Learning*, Hoboken, NJ, US: John Wiley & Sons Inc, 2003, pp. 59 – 78.

下的行为使行为有的放矢，学习目的也会有效达成。

　　学生行为的自我管理还表现在日常行为上。学校作为学生的生活场所，不仅局限于学习，而且在于生命的全面塑造，因此，行为自我管理应渗透于学生的完整生命活动中。如日常生活、作息安排、社交行为等。布兰顿（Brandon）等人把个体的行为自我控制划分了六个维度：饮食行为、锻炼行为、时间管理、情绪控制、社会行为和财政计划等。① 学生作为行为的主体，学校和教师应积极引导学生对自己的日常行为进行自我管理，如养成自主的作息习惯、饮食习惯、学习行为习惯等，使他们既敢于自主地担负行为任务又勇于承担行为责任，培养自我行为的主人，而不是从外在要求和规则上去约束学生。

　　值得反思的是，在中国的现实教育场景中，学校过多的是对学生行为的控制或规约，而不是发挥学生的行为自主性，这成了中国学校教育对学生行为培养的一大景观。从国家层面上，为不同层级学校的学生规定了细致的行为规范，如《中学生行为规范》、《小学生行为守则》等，虽然这些规约是出于对学生良好行为习惯的养成，但从本质上而言是外部规约甚至是强制的，而不是基于儿童自身的情感、道德、动机等实际心理需要出发的；具体到学校或课堂上，更是处处充满了对学生行为的控制。如小学课堂上，要求学生正襟端坐，双手放齐、抬头向前、目视前方、还不能有小动作。殊不知儿童期正处于形象思维阶段，他的学习倾向往往伴随着身体的活动，即动作思维。让他正襟端坐、聚精会神时，恰恰有可能他的精力却集中不起来。

---

① Brandon J E, Oescher J, Loftin J M., The Self – Control Questionnaire：An Assessment, *Health Values：Health Behavior, Education & Promotion*, Vol. 14，pp. 3 – 9.

（三）自我行为调节

一般而言，行为的自我调节和自我管理有着诸多重合，区分起来比较模糊。但调节更多的是从改变、适应层面上而言，是主体自身及主体与外界环境出现不平衡或不适应状态时的一种主动的调整、改变过程，是行为主体"发现当前状态与目标状态差异的自我检测过程，以及改变或者缩小差异的自我控制过程"。①行为的自我调节是行为自主性的基础和重要标志，因为主体只有能够自主地选择并有效运用自己的智慧、技能，并利用自己的周围资源，才能具备自我调节的条件。

心理学上对于自我调节的心理发生过程有着多种解释。如班都拉的社会认知理论把自我调节解释为个体、行为与环境的交互作用并构成一个循环圈。有研究者概括为三个循环的阶段："预测、操作或意志控制和自我反省"。"预测指行为操作之前的准备与确定行动阶段的过程；操作或意志控制指发生在行为操作期间并影响注意和行为表现的过程；自我反省指发生在行为操作之后并影响个体对该操作行为经验反应的过程，它反过来又影响对后继行为的预测。这样便完成了一个自我调节的循环"。②鲍美斯特等人把行为的自我调节过程分为："设置一个目标或理想情境、付诸达成目标的适当行为、监控目标实现的过程。"③ 卡罗尔（Karol）则提出了自我调节的五阶段论，即目标选择、目标

---

① 黎坚等：《自我调节：从基本理论到应用研究》，《北京师范大学学报》（社会科学版）2011 年第 6 期。

② 乐国安、纪海英：《班都拉社会认知观的自我调节理论研究及其展望》，《南开学报》（哲学社会科学版）2007 年第 5 期。

③ Baumeister, R. F. , & Vohs, K. D. , Self – regulation and the Executive Function of Self, *Handbook of Self and Identity*. New York：Guilford Press, 2003, pp. 197 – 217.

认识、维持方向、变换方向和目标终止。[①]

　　纵观国外对自我调节心理发生过程的描述，尽管有着些许差异，但都强调了行为主体在行动中的自我控制、自我定向、自我调整、自我改变等，贯穿其中的主线则是主体对自己行为的自主控制和随着自身和外部条件的改变而发出的自动调整，是一种行为自主性的具体体现。这种行为的自我调节理应成为学校教育的重要目标。从学习的角度讲，学生作为教育主体，应该学会自主地对自己的学习行为进行主动调节。有研究者指出，善于进行自我调节的学生能够更有效地使用学习策略并取得更优秀的学业表现，而不善于调节自己学习行为的学生往往学业成绩也表现一般，尤其那些学习后进的学生往往是学习策略不当又不善于主动调节自己低效的学习方式，缺少灵活性。学生在受教育过程中，面对自身和外部学习环境出现的不平衡和不适应进行主动的行为调节也是体现创造性的重要表现。从塑造学生的完整个性而言，培养学生主动调节行为能力是主体教育的重要内容。面对不稳定的外部环境和自身不断发生的变化，主动地作出调整和改变是行为独立性的体现，也是培养儿童独立自主人格的重要方面。由是，培养学生自我行为调节的技能应是学校教育的重要内容之一。

二　培养学生行为自主性的策略

（一）激发自主行为动机

　　行为的自主性源于内部自主动机的驱动。自我决定理论认为人是一种积极的有机体，天生就具有追求心理成长和自我决定的需要，并在充分认识个人需要和环境信息的基础上主动地迎接挑

---

　　① Paul Karol, Mechanisms of Self – regulation: A Systems Review, *Annual Review of Psychology*, 1993, Vol. 4.

战，对行为作出自由选择。行为的自主动机表现为"一种内在的积极倾向并驱动着人们凭借内在兴趣来获取知识和技能，因而它是人类生理、心理和社会发展中的一个非常关键的因素"。[①]激发学生的行为自主性动机需要教师发现和满足其合理的自我需要，并在教学中通过适当的设计促进自主行为的形成，同时，要善于创设有利于学生自主行为的教育环境。

1. 发现和满足学生合理需要

美国解放教育学者弗莱彻（Fletcher）指出："学生必须能够在学校获得支持教育自主性的行为和意识。"[②] 本文认为，发现学生的心理需要支持学生的自主性意识，而满足学生的心理需要支持学生的自主行为，两者构成了激发学生自主性行为动机的前提。

发现学生的心理需要是激发学生自主行为动机的先在条件。对于教育者而言，发现学生心理需要可从以下几方面入手：一是准确掌握学生心理发展的年龄特点。不同年龄阶段儿童的情感、道德、思维、认知以及行为具有不同特点和水平，了解这方面的知识才能真实获知不同年龄段学生的心理需要特点。二是勤于观察。课上课下老师要有目的性地观察儿童的行为，探索他们所表现出来的特点，确定他们的确真的心理需求。三是多与学生进行沟通交流。通过多种形式的沟通、交流，如谈心、一起活动、家访等了解儿童的内心世界。

满足学生心理需要，不是放任地对学生的所有心理需求都给予满足，而是指满足对他们学习和发展有利的方面，即合理的心理需要。这要求老师应对学生的心理需要进行合理化判断。满足

---

① Deci. E. L, Koestner R, Ryan R. M., The Undermining Effect is Reality after all – Extrinsic Rewards, Task Interest, and Self – determination: Reply to Eisenberger , *Psychological Bulletin*, Vol. 12, 1999, pp. 627 – 700.

② Fletcher, S., *Education and Emancipation: Theory and Practice in a New Constellation*, New York: Teacher College Press, 2000, p. 184.

学生合理需要。这可从以下几方面入手：一是营造民主、宽松的心理氛围。学生的向师性、依赖性等特点，易导致对教师、对教科书等的威严感，甚至对老师的要求言听计从，从而影响他们真实心理需要的表达，进而影响到自主行为的形成。如对问卷项目"很有威望的老师要您做什么就做什么，您认为这种观点……"的调查中，虽然大多数被试认为"很不正确"或"不大正确"，但也有很多被试认为"比较正确"或"非常正确"，其中认为"比较正确"的与"很不正确"的比例几乎相同。可见很多学生会产生对老师的行为依赖，而失去自主性，因而，教师卸掉威严感、权威性，营造民主、宽松的心理氛围，及时发现学生真实的心理需要并加以合理化引导，多鼓励、表扬，少批评、惩罚，才能激发自主的行为动机。二是鼓励学生自我表现。积极鼓励学生表达自己的真实想法和观点，不要怕犯错就怕不知错在何处。如调查发现，对于"当课本的内容与您的想法产生矛盾时，您对自己的想法……"回答"产生怀疑"的占 34.7%，回答"坚决坚持"的只有 10.5%，回答"有时坚持"也只有 37.5%。可见很多同学面对自己与书本上的说法产生矛盾时会对自己产生怀疑甚至压抑自己的想法而不敢表达，此时，如果老师积极鼓励学生大胆地说出自己的真实看法，即使是错误的也不应断然否定，而是巧妙地加以引导，从而激发学生的自主性动机。三是施于学生教育爱。教育爱代表着对学生的理解、宽容、体谅。用诺丁斯的理论就是学会关心。她把师生关系看做一种关心关系，"教师不仅需要建立一种关心关系——教师在其中成为关心者，教师也有责任帮助学生发展关心能力"。[①] 在一种关心、关爱、关怀的教育氛中，儿童的真实需要才能被激活，才有利于激发自主行为

---

① ［美］内尔·诺丁斯：《学会关心：教育的另一种模式》，于天龙译，教育科学出版社 2011 年版，第 33 页。

动机。

2. 基于学生理解的教学设计

"学生生命的现实性和可能性是教学的出发点",[①] 而理解学生则是实现这一出发点的基本原则。从课堂教学而言，要激发学生学习的自主行为动机，教师的教学设计应立足于理解学生的原则。所谓理解学生就是对学生的认知水平、学习方式与能力、学习需要与兴趣充分地理解。在教学设计上，首先要考虑学生的自主需要。托马斯（Thomas）提出了教学设计满足学生自主感的四个方面：第一是确定教学内容，即教师要理解知识是否值得教和学，何时呈现知识，教材说明了什么，学生是否愿意学。第二是选择教学方法和策略，即选择适合学生需要的方法与策略。第三是教学要关注学生的多样性和差异性。第四是如何对学生进行评价。[②] 概言之，就是教学设计的过程要以学生的学习兴趣、需要和能力为出发点，这样才能保证在教学过程中激发其自主学习行为动机。

其次，满足学生的胜任感。胜任感或称自我效能感，是指自我认识到自己完成任务的能力。学生的胜任感表现为产生对学习任务的自信心。这取决于两个因素，一是学生对自身认知水平和能力的深刻理解，二是对学习任务难易程度的准确把握。所谓基于学生胜任感来进行教学设计，就是教师要从学生的实际认知能力水平和适合于他们的学习任务程度安排教学过程。这需要教师通过适当方式与学生的学习水平达成某种理解。一种典型的方式是师生通过协商的方式建立学习合同。美国学者斯隆（Sloan）

---

① 熊川武：《教学通论》，人民教育出版社 2010 年版，第 390 页。

② ［美］托马斯·古德：《透视课堂》，陶志琼等译，中国轻工业出版社 2002 年版，第 397 页。

等曾描述了一种典型的协商学习合同模型。① 此模型包括八个环节，即需要探求、目标建立、资源探索、方案开放、责任分解、时间确定、主体评价和重新协商。这一过程以师生之间的协商为主线，以形成学习合同为目标，充分让学生参与教学过程的设计，把他们实际学习需要、兴趣、能力落实到合同中。这样保证了学生对学习的过程以及完成任务的自我效能感。这种模式利于学生的自主学习动机的培养，在学习行为上会表现出主动性、计划性等自主特征。

第三，培育学生的归属感。归属感是个体接受他人信念或价值实现动机内化的必要条件。学生归属需要的满足有助于使他们知觉到自身利益受到他人的关心和喜欢，从而催发自信心。教学设计满足学生的归属需主要处理好两种关系：一是学生个体与老师的关系，二是学生个体与其他学习同伴的关系。从前者来说，要求教师更多设计与学生共同学习的环节，并嵌入更多的情感、理解因素，如理解教育中的感情先行原则、师生同益原则等；②从后者而言，要注重从学习共同体角度设计教学，增加学生之间合作、交流的机会，形成互助合作协商的学习氛围，如近年比较盛行的对话教学、合作学习模式等。

3. 创设支持学生自主动机的教学环境

学生自主性教育理念认为，外部环境的强制性和规范性会抑制学生的自主行为动机的发生。个体能动表现他的自主性，从外部而言，应免于外部的操纵和强制，以及提供足够的选择范围供他选择。在教育情境中，教师创造的学习环境对于学生自主学习行为动机的激发具有工具性价值。这里所说的环境，

---

① Sloan，M and Schommer，B T.，*The Process of Contracting in Community nursing*，Boston：Little Brown & Co，1976，p. 199.

② 熊川武：《理解教育论》，教育科学出版社 2005 年版，第 33—34 页。

包含两个维度，一是物质化的空间环境，比如学校环境、课堂教学环境等。二是精神性的心理环境。教学论研究的有关理论指出，教室座位的安排对于学生的自主学习意识具有潜移默化的影响。传统的秧田型座位排列便于以教师为中心的教学展开，而不利于学生的自主学习；而马蹄形座位排列更利于学生独立地展开学习，如交流、讨论等。

　　相对于有形的时空环境来说，精神性的心理环境对于激励学生的自主动机更有效。心理环境的创设涉及多重因素，如情感氛围、认知氛围、道德氛围等。对于教师来说，自主决定的心理环境的创设，一是要创设积极的心理氛围，如鼓励学生自我表达，允许学生对知识进行反思和质疑，积极引导学生进行讨论、交流，留出自主学习的空间等。如在调查问卷，对"王老师上课总是一个人讲，学生只能专心听，几乎没有独立学习和讨论的机会，你喜欢这样的课吗？"回答"很不喜欢"和"不大喜欢"的被试者占了 79.3%，证明他们反对老师一人独占课堂教学时间，希望留出自主的讨论和交流空间；二是积极进行教育激励。教育激励是"师生自我或相互理解并诱发需要与动机努力实现教育目的或教学目标的过程"。[1] 教师可通过物质激励、精神激励或活动激励等手段加以实施。如通过物质奖励的方式鼓励学生主动完成作业或克服学习困难等，或者通过感人事迹、励志故事等激励学生的自主动机，抑或通过竞赛性的活动，通过平等竞争激发学生的自主动机。

（二）形成合理价值期望

　　人的自主行为与对行为目标的合理价值期望有关。动机心理学中的期望价值理论认为，人的主动行为由两种因素共同决定，

---

① 　熊川武：《理解教育论》，教育科学出版社 2005 年版，第 174 页。

即"对某种目标的期望和该目标对当事人所具备的价值"[1]，两者的协调一致会激发行为的自主性，即当事人对行为的期望与对自身的价值相一致时，就会形成自主行为。对于学生学习而言，如果对于学习目标有合理的期望，并且理解完成目标对于自己的价值所在，就会形成自主的学习行为，当然合理的期望是基于对自身学习状况的明确认识。

1. 生成可期望性学习目标

在我国的教学理论和实践中，教学目标和学习目标是两个不同的概念，教学目标主要是指师生双方共同力图达到的活动结果，而学习目标主要指学生力图达到的结果。在英语语境中，教学目标和学习目标没有严格区分，学习目标通常就是教学目标。这反映了他们视学生及其学习是教育或教学的中心。如："学习目标陈述的是学生的表现，既包括对学生应该知道什么、理解什么，以及在一个单元教学结束时能够做什么的描述，又包括判断学生表现水平的尽可能可行的标准。"[2] 以学生为中心的教学目标，为生成可期望性学习目标提供了基础。它在整个行成过程中充分考虑学生的实际水平和学习需要，并且会吸纳学生参与到学习目标中去，这有利于学生形成对目标可实现性的期望，从而产生自主学习的动机和行为。这一过程可从以下几方面描述：一是在目标内容上，会充分考虑学生的实际状况，如需要、兴趣、能力、差异等。二是学生参与目标的制定。如老师和学生一起协商学习的目标、要求，确定知识的重点、难点以及预计达到的结果等。三是把初步形成的目标呈现给学生，进行充分的理解和讨

---

① Petri, H L., *Motivation: Theory, Research and Applications*, Belmont: Wadsworth Publishing Company, 1991, p. 216.

② J. H. McMillan, *Classroom Assessment: Principles and Practice for Effective Instruction* (3rd), Pearson Education Inc, 2004, p. 35.

论，如不符合需要可以进行修订。这里学习目标的意义已不再是仅为学习设置某种未来结果，而是已经直接渗入了学习的发生，学生也会从中产生合理的学习期望。

　　近年出现的"自然分材教学"，为学生形成可期望性学习目标并自觉调整学习行为提供了典型范例。自然分材教学是指"教师让教学任务随学生差异自然分化并引导学生针对自己存在的学习问题进行研究的一种教学理论与实践形态"。[①] 教学任务或者说学习目标不是人为支配的，而是随学生学力差异而自然生成的。进度快的学生有快的学习任务即目标，进度慢的同学有慢的学习目标。个人因情况而异，每个学生都有适合自己的学习任务与速度，这使得每个学生都会根据自己的实际情况形成对学习目标的合理期望，并能促使他们及时完成学习任务，学生的自主性自然会得到提高。为考察这类问题，专门设计了一个调查项目对部分学生进行了问卷调查，即"不跟着老师讲课的进度学习，而是根据自己的情况尽可能快地学习。您觉得这样的同学…"。回答"非常自觉"和"比较自觉"的占39.4%，回答"难以判断"的占35.2%，回答"比较捣蛋"和"非常捣蛋"的占了25.3%，说明一部分被试者已认识到了学习目标与自身价值期望的关系，会根据自己的学习需要与期望自主调整学习行为，而更多的被试者还认识不到学习任务与自己学习需要和价值的关系，只是被动地跟随老师的教学进度学习，体现出学习行为的被动性。

　　2. 外部学习任务与内在价值的融通

　　期望价值理论认为，学习者常会对达到学习目标抱有合理期待，同时也会理解达到学习目标的价值所在，这样会产生积极学习动机并付诸行为。因此外部的学习任务只有符合学生的内在价值需要才能形成自主性学习行为。埃克斯（Eccles）等人根据完成学生学业成就的不同价值属性，把学习任务的价值分为四个不同部分：（1）成就价值，即完成任务对个体的重要性；（2）内在价值，即源自完成任务的兴趣及享受的体验；（3）实用价值，即一个任务对于未来或当前目标的应用程度；（4）代价，即完成任务中的消极方面。① 他认为根据任务价值的这四种成分在决定学生学习选择进而付诸学习行为方面扮演着重要角色，同样在后续的运用学习策略以及完成任务方面也有重要作用。

所谓学习任务的价值就是指学习任务给学习者带来的切身利益。根据埃克斯的理解，即包括了成就价值、内在价值和实用价值。成就价值是指学习目标对于学习者个体的重要性，内在价值是符合学习者本身的需要和兴趣，而实用价值则是学习任务对于学习者当前的应用程度。这些都与学习者的切身利益与旨趣相关。所谓外部学习任务或目标与内在价值的融通：一是它们要满足学生的价值需要，给他带来意义，二是达到他们的可接受水平，三是学习者认为自己有能力达到这些目标。满足了这些条件学习者就形成了合理的价值期望，并产生自主的学习行为。麦克白（Mccombs）等的研究也表明，"当学习者不会产生失败的疑虑，觉得所学的东西对自己具有意义，并且同老师同学处于相互尊重和支持的氛围中时，他的自主学习自然产生"。② 布雷（Tremblay）等的研究也表明，"为学习任务付出的努力受当事人感觉到能够

---

① Eccles, J. S., & Wigfield, A., In the Mind of the Achiever: The Structure of Adolescents' Academic Achievement Related – beliefs and Self – perceptions, *Persinality and Social Psychology Bulletin*, Vol. 21, pp. 215 – 225.

② McCombs, B. L., & Pope, J. E., *Motivating Hard to Reach Students*, Washington, DC: American *Psychological Association*, 1994, p. 20.

达到目标的可能性影响"。① 如在道德教育中，外在的道德规范只有与学习者的内在需要或价值一致并能对其产生道德意义时才能产生自主的道德行为，而我国传统的道德教育中，过分注重对社会公共道德规则的遵守和仿效，往往忽视学习者的内在感受或价值需要，造成德育的低效性。我们在做"当从书本上或媒体上看到先进人物的事迹时，您觉得要向他们学习吗？"这一调查时，大多数被试者回答"非常觉得"或"有时觉得"，但也有一部分表达了"没有想过"、"大体没有"或"从来没有"。这与他们的真实感受和价值需要有关，如果强求他们向所谓的正面事迹学习，就会使得外在目标与他们的内在需要或感受相抵触，进而带来不自主的道德行为，日常所说的"语言的巨人，行动的矮子"现象与此不无关系。

3. 解构控制性教学为学生提供自由选择空间

自主性的一种解释是自我控制（Self‑control），即个体对自我的克制。一般而言，自我控制与外部控制是一种此消彼长的关系，即外部控制因素或力量愈强内部自我控制力量就愈弱，而外部控制因素减少则个体自我控制因素就会增长，至少会为自我控制提供一种合理化环境，促进其自我控制因素的生成。中国的传统教学以控制性为主，形成了一种控制性教学文化。主要表现为教学目标上以成人或社会的外在标准来预设，教学内容上表现为对确定性知识的追求，教学方法上强调传递接受式的教学，师生关系上主张学生对教师的服从。这种控制性教学文化导致了学生自主性的下降。

减少教学中的控制性因素，为学生出于自我兴趣的学习选

---

① Tremblay, P. F. & R. C. Cardner, Expanding the Motivation Construct in Language Learning, *Moden Language Journal*, 1995, Vol. 79, pp. 505‑520.

择预留空间，有助于形成积极的价值期望，从而提高他们的自主性。具体说来，可从以下几方面入手：一是变预设性目标为生成性目标。生成性教学目标，是指在教学过程中，随着教学活动的展开，根据具体的学习内容和学习情境，以及学习者自己的学习情况而自然生成的学习目标，如前述学习合同中通过师生协商和学习契约而生成的目标。教科书和教师预设的目标可以辅助生成性目标，两者结合起来。二是变程式化教学为开放性教学。控制化的教学过程体现为程序性、机械化，久而久之形成固定的程式，如教育学教材上常见的把教师的教学环节划分为：备课、上课、课外辅导、作业的布置与批改、学业成绩的检查与评定；学生的学习过程划分为：感知教材、理解教材、巩固知识、运用知识等环节。教学过程固然需要一定的程序，但当把这种程序固化为一成不变的程式的时候，就走向了它的反面，成了控制化的教学。开放性教学力求在教学目标上确立多元化目标，打破传统教学过分追求知识目标的弊端，把知识、感情、技能、方法、态度、价值观等都作为教学目标的选项，并在教学过程中生成而不是预先设定，为学生的多元发展留有余地；在教学内容上，注重学习内容的多样性、知识的存疑性，鼓励师生对教学内容的突破和超越，鼓励学生对书本知识的质疑、反思、批判等；在教学过程上，注重教学方式的多样化、探究性，师生、生生教学交往的互动性；教学评价上，提倡评价主体的多元化，评价标准的层次性等。三是变封闭式课堂为开放式课堂，传统的教学场所就是教室，这种单一、封闭的环境易导致学生视野的狭隘，抑制了自主选择空间，把课堂拓展到社会和生活领域，到社会和自然中去学习和实践，体会学习和生活的丰富多彩，也是增强学生行为自主性的重要因素。

（三）拓展自主行为空间

1. 发挥集体教育力量

苏联教育家马卡连柯在论述学生的教育管理时，提出了把学生集体培养成"自治机构"的思想。[①] 这种机构不是简单的学生集合体，而是有固定成员组成的自主管理、自我教育组织。其中实施一系列组织原则和程序，如在集体中制定共同遵守的纪律并宣扬对每一个成员的意义，纪律约束对每一个成员都是公平的，并且要求成员间互相监督，形成"利益共同体"；机构领导轮流坐庄，定期轮换，每一领导既要管理集体，也接受集体成员的监督，而通过轮换使每个成员都体验到角色的转换所承担的职责，自然会自主遵守集体的规则。这种集体"不仅是教育的客体，而且也是教育的主体，因为在这种形式中，能使集体学到积极保卫自身利益的经验"。[②] 我国教育改革家魏书生也注重靠组建类似于马卡连柯的"自治机构"那样的学生集体来实现自我管理。魏书生先生的"值日班长制"与马卡连柯的"自治机构"制具有相同的教育功效，即通过建立必要的规则和纪律，形成集体的自我管理机制，使其中的每一个成员都感受到自身的责任和义务，也体会到自我的价值和贡献，激起每一成员的责任感、使命感，从而自觉维护集体的利益、自觉遵守集体的规则，对自己的行为自我约束。

2. 适度放权增能

培养学生的行为自主性，还需对学生适度放权，赋予他们应有的权利，为自主行为扩展空间。对学生放权可从两个方面入

---

① 吴式颖等编：《马卡连柯教育文集》（上卷），人民教育出版社 1985 年版，第 260 页。

② 同上书，第 306—307 页。

手，一是日常行为上，即把过多的集权式管理，让渡给学生自我管理，如上述案例所体现的集体教育力量；二是学习行为上，学生的行为大部分与学习相连，把应属于学生的学习权返还于学生，扩展自主学习行为空间，学习的能动性也会随之提高。在控制化的教育环境中，学生的行动受到外在的规范和控制，他们的自主权被挤压在狭隘的空间范围内，自主性必然低。有学者提出了中学教师"零作业批改"思想，即"教师把作业批阅权归还给学生，把自己用于批阅作业的时间转移到研究学生作业中出现的问题并加强个别指导"。① 把作业从过去由教师"全批全改"交给学生互批或自批，增强学生自主判断是非、发现问题并解决问题的能力。通过实验证明，这种方式不仅不会降低教学质量而且会提高教育质量，尤其是会提高学生自主学习的能力。但在长期控制性教学环境下，学生习惯了服从老师的安排，意识不到自主学习的重要性。问卷调查中，对"如果老师相信'自己的错误自己改，改了错误更聪明'，因此指导学生自己批阅或同学相互批阅作业，把作业的批阅权还给学生，您希望得到这种权力吗?"，回答"非常希望"和"比较希望"的占44％，但回答"不大希望"和"很不希望"的也占了40％，可见对于赋权学生，让其体验到自主行为的意义和价值，还需加强科学、合理的教育和训练。

3. 因势利导促进转化

对于成长中的青少年来说，由于自控能力弱，加之对行为的社会效应缺乏理性的判断，其行为往往表现出两面性，即既有积极有益一面，又有消极有害的一面。如何发扬积极因素克服消极因素，需要发挥教育的作用，引导学生行为的自我控制和积极转化。此处讨论两种策略，一是奖惩并用、扬善抑恶。对于好的行

---

①　熊川武:《论中学教师"零作业批改"》,《中国教育学刊》2005年第5期。

为及时进行表扬或奖励，激发其自觉向上的信心，从而激励良好行为的自觉性；对于不良行为也要及时批评甚至惩罚，使之认识到行为的危害，从而得到抑制，这也是学生行为管理中常用的方式。但奖惩要适度和适当。目前，学校中一般提倡多鼓励、表扬，少批评、惩罚，这种理念是合理的，但也要考虑具体情况，如果表扬泛滥了，成为"家常便饭"，可能会降低它的积极作用。无论是表扬还是批评，目的都是为了学生行为的向善性，要以行为规范为准绳，以行为事实为依据，而不能凭教师的感情用事。二是趋利避害，因势利导。学生行为的两面性也是此消彼长的关系，当积极行为处于优势时，它的消极行为就会自然减退，并且同样一种行为出于不同的目的，运用于不同的情境，其效用可能适得其反。因此，教育者要因势利导，促进行为积极转化。